カーブルから北への道　この先にヒンドゥークシュの山並み（1975年12月24日）

フマユーン廟（デリー　1975年12月22日）

フォンドゥキスタン出土、彩色塑像坐仏
（カーブル博物館　1975年12月23日）

ゴラーバンド川沿いの道　落石除けも護岸工事もされていない（1975年12月24日）

シャハル・イ・ゾハックの城塞跡　険しい岩壁の上に望楼を備えた城壁が見える（1975年12月24日）

バーミアンの西大仏（1975年12月24日）

西大仏の上部を仰ぎ見る（1975年12月24日）

東大仏（1975年12月24日）

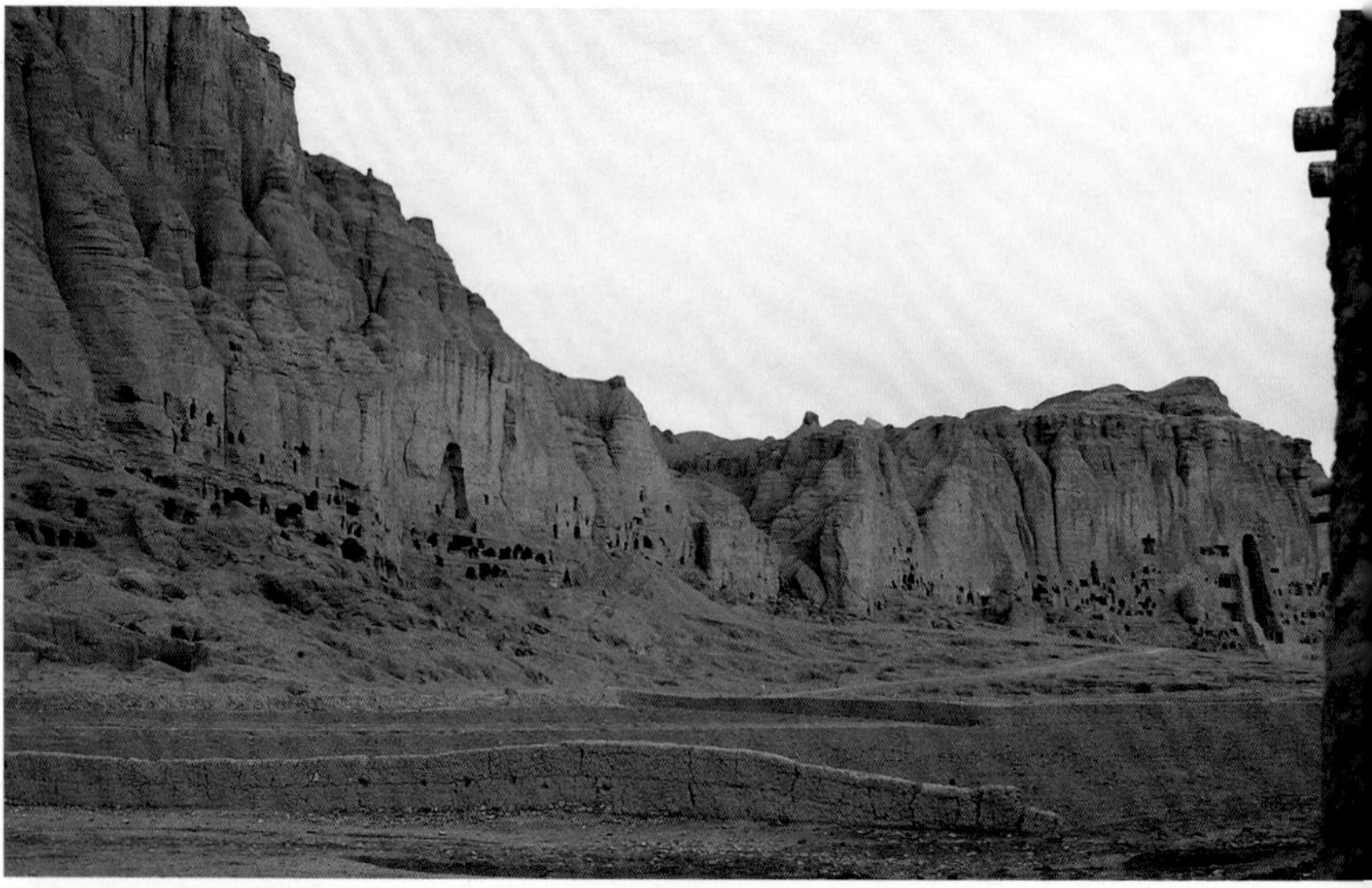

岩壁に残る無数の洞窟跡　左手に坐仏のＨ洞、右端に東大仏の仏龕が見える（1975年12月24日）

東大仏の上部を仰ぎ見る　天井に太陽神を描く（1975年12月24日）

長距離バスが立ち寄るチャイハナの前（カンダハル～ヘラート間　1975年12月29日）

住宅街の中、カメラの前に集まった子ども達（ヘラート　1975年12月31日）

巨大なミナレットの残骸（ヘラート　1975年12月31日）

実はみんなが注目していた記念撮影（ヘラート　1975年12月30日）

頼まれて撮影したギャラリーのアフガン軍兵士　ダブダブの靴がいかにも軍隊らしい

マスジッド・ジャミ（金曜日のモスク）の美しい外観
（ヘラート　1975年12月30日）

パンク修理を待つバスの乗客達（カンダハル〜ガズニ間　1976年1月2日）

骨董屋の少年　小さいのにいっぱしのポーズはさすが（ヘラート　1975年12月30日）

アフガニスタン探検記

1975-76

高岡徹

目次

ウズベキスタン
タジキスタン
中国
トルクメニスタン
ドゥシャンベ
テルメズ
マザーリ シャリフ
バルク
クンドゥズ
バダフシャン
ワハン回廊
スルフ・コタル
至マシュハド（メシェッド）
マイマナ
ヒンドゥークシュ山脈
パンジシール渓谷
ヌーリスタン
サラン峠
チャリカル
バグラム
ジャララバード
ジャム
バーミアン
シバル峠
フォンドゥキスタン
カーブル
ハッダ
カイバル峠
ペシャワル
イスラマバード
ヘラート
イラン
ガズニ
パキスタン
カンダハル
クエッタ
0 100 200 km
アフガニスタンとその周辺
筆者の通ったルート
主要遺跡（一部のみ）
空軍基地

はじめに

「今さら何でアフガニスタンの本を――」と、思う人もいるに違いない。確かにここ二、三十年の間にアフガニスタンに関する本は数多く出版され、今や出尽くしたかの感すらある。それまで一般には馴染みのなかった同国が、一九七九年のソ連軍侵攻以来、一躍世界の注目を集めるようになった。以来、ムジャヒディン（イスラム聖戦士）やタリバン、アルカイダなどの登場で戦火はやむことがない。この間、ジャーナリストらによる潜入記の類からバーミアン大仏を中心とした仏教美術の専門書に至るまで、幾多の本が世に出たことは事実である。そうした中で、この本を出すことには正直言ってためらいもあった。

そもそも、本書の原本は七五年の年末から翌年の年明けにかけて、当時二十五歳の筆者が単身同国を巡った記録をまとめたものである。チンギス・カン遠征軍の子孫と考えられるモゴール族を訪ね、今も残るモンゴル語の採集に出かけた梅棹忠夫《うめさおただお》氏の『モゴール族探検記』に熱いロマンを感じ、ヒンドゥークシュの山中にそびえる巨大な大仏を何とかしてこの目で見たいと思った。そんな思いが、現地の詳しい情報も得られない同国へ、無謀とも思える体当たりの旅に駆り立てたのである。

帰国後の七七年、現地の鮮烈な体験を本に残そうと、友人の服部直人氏と共著で『ヒンドゥークシュの北と南—アフガニスタンの歴史と紀行—』を自費出版（西アジア研究会発行）した。私がバーミアン以南の同国南半部の旅を、服部氏は北部の旅と専門的な歴史論文を掲載するという一風変わった内容の本になった。残念ながら、あまり知られていない国を扱ったため、当時は職場の人々や、友人・知人など、ごく限られた人々の手にしか渡らなかった。

ところが、私の帰国から三年後、突如、ソ連軍がアフガニスタンに侵攻し、またたく間に国内を制圧・占領する事態となった。大半の日本人にとって関心外だったアフガニスタンが、皮肉なことにこの事件によって一挙に知られるようになった。その後の展開はご承知のとおり、ソ連とその傀儡政府に対し、反政府武装勢力（ムジャヒディン）によるゲリラ戦が繰り広げられ、ソ連軍の撤退によりいったんはゲリラ各派による政権が樹立されたものの、やがて南部から勃興したタリバンが国内を制圧し、一時政権を取った。ソ連占領下でも守られていたバーミアンの大仏が、タリバンの手によって破壊されたのもこの頃である。これに対し、米国などが支援する形でタリバンが掃討され、ようやく平和が訪れたかに思われた。しかし、まもなくタリバンが再び各地で政府側を攻撃する事態が生じ、現在でも同国が危険地帯とみなされる状況に変わりはない。

思い起こせば、ソ連軍の侵攻からすでに四十年近く、アフガニスタンは一般観光客が訪れることのできない地域となったのであり、残念ながら、今後もその状況は続くと思われる。近い将来、運よく行ける状況になったとしても、町や村、そして古い遺跡は以前の姿をとどめてはいない。あのクリスマスイブの日に見上げた仏像も、もはや存在しない。それゆえ、たかだか二週間程度の短い滞在ではあったが、アフガニスタンは鮮烈な思い出として今も脳裏に焼き付いている。

同国の歴史の中でも、私の訪れた時期は、たまたま束の間の平和な時間が流れていたのである。現地では多くの人との出会いと交流があった。幾多のピンチにも見舞われた。でも、何とか無事に切り抜けながら、目的を果たして帰ることができた。この時の様々な体験をもっと多くの方々に伝えたい。おびただしいアフガン関係書籍の中にジャーナリストや学者でもない、一介の若者の綴った本があってもよいのではないか。ささやかではあるが、遺跡や人々との出会いを通して、平和な頃のアフガニスタンの姿を知ってもらえれば——との思いから、旧著から私の書いた「たったひとりの探検隊」を独立させ、今回の新著に仕立て刊行することとした。

なお、新著刊行にあたり、本の体裁を前のものより活字を大きく読みやすくしたほか、多用していた平仮名を漢字に改めたり、写真も追加掲載し、読者の理解を得られやすいように努めた。また、旧著刊行から四十年を経て、新たに判明した点や、説明を要すべき点については、各章末尾に若干の「補注」を施した。さらに帰国時にカーブルを発って、デリー（インド）の安宿での滞在を終えるまでを終章として新たに追加した。この部分は旧著執筆の際に書かれていた原稿（未発表）を、ほぼそのままの形で載せている。シルクロードを東と西から流れてきた、若者同士の束の間の交流と哀感を記した古い原稿だったが、私にとっては捨て難く、今度の新著に加えることとした。いったい、彼らは何を求めてインドへ来たのか。聞き出す間もなく別れたことが悔やまれる。彼らが、その後無事に帰国できたのかどうか、それを知る術はない。

なお、世界的な遺跡として知られるバーミアン大仏が、二〇〇一年、タリバンにより爆破された際、抗議の意味を込めて発表した小文も、本文と一部重複する形になるが、歴史的事件に対する私自身の発言として、あえて本書末尾に収めることとした。この事件はソ連軍の侵攻と同様、世界的な注目を浴びた事件であり、到底容認できなかったからである。

一千年以上にわたり伝えられてきた歴史遺産の破壊は、許されることではないが、この国に未曽有の混乱と破壊をもたらした原因や背景について、我々自身も真剣に考えていかねばならないと思うのである。

蛇足ながら、本文の中では「アフガニスタン」と、略称として使われる「アフガン」を頻繁に併用している。この点は叙述の流れの中での折々の使い方であり、ご容赦願いたい。

高岡　徹

二〇一七年七月

プロローグ

シルクロード——それは何というロマンチックな響きを与える言葉なのだろう。果てしない砂丘を行く何十、何百頭ものラクダのキャラバン（隊商）。はるか彼方に望まれるモスク（回教寺院）のミナレット（尖塔）。なつかしいバザール（市場）の人混み。あたりに漂うチャイ（紅茶）の香り。哀調を帯びて流れてくる土地の音楽。そして、どこからともなくつぶやくように聞こえてくるコーランの祈り……。

そうしたシルクロードのイメージは、実際苛烈なまでに厳しいはずの現地の気候風土をいつしかもの悲しくも甘いロマンに包み込んでしまう。実に不思議な魅力がそこにはある。

「シルクロード」とは何か。それは、もともとドイツの地理学者リヒトホーフェン（一八三三—一九〇五）の用いた「ザイデンシュトラーセン」（「絹の道」）に由来するという。

彼は、古代におけるシナとトランスオキシアナ及びシナとインドを結ぶ絹貿易を媒介した中央アジアの交通路をそう呼んだのである。しかし、その後このシルクロードの概念は大きく拡大されて、今ではユーラシア大陸北方の草原ルート、中央アジアのオアシスルート、また、南方の海上ルートなど、東洋と西洋を結んだ東西交通路の総称となるに至っている。

　私が、そのシルクロードに初めて足を踏み入れたのは一九七一年のことである。四ヵ月にもわたる長いヨーロッパでの放浪生活に別れを告げ、トルコとシリアを半月ばかり巡り歩いたのだった。そこで、私は初めて欧米とはまったく異質の世界を知った。そこには、宗教と一体化したイスラムの世界があったのである。どろ臭く、人間臭さの充満したその世界は、当時仏教やキリスト教しか知らなかった私に鮮烈な衝撃を与えた。

　イスタンブール、アンカラ、アンタキア、アレッポ、エルズルム、カルスと私の旅は続いていったが、そこで得た土地の人々との暖かい心のふれあいは、とりすましたヨーロッパ社会の中では絶対味わうことのできぬものだった。

「俺は、アジア人なんだ」私が、初めてそう自覚したのもこの時である。それは同時に、今まで欧米型社会を志向し、これに追随することしか考えなかった日本とその中に住んでいた自分との訣別をも意味した。

　こうして、風塵の西アジアの大地はすっかり私の魂をとりこにしてしまった。トルコ、シリアという、いわばシルクロードの西端にすぎない所を旅し帰国してからも、私の魂は荒漠としたその大地をさ迷い続けた。いったい、何が私をユーラシア大陸の奥地へと駆り立ててやまないのか。

気候は、日本列島のような温暖性などかけらもなく、夏と冬、夜と昼の寒暖差は想像を絶し、大地はまさに荒漠として果てしない。ぜいたくや便利さ、使い捨てといった物質文明とは無縁の世界。酒もなく、女たちの姿もまれな世界。シシカバブのような体臭をぷんぷんさせた男たちの世界。

アフガニスタンは、その西アジアの奥地にある。いわばシルクロードの中央部であり、古くから「文明の十字路」ともいうべき役割を果たしてきたところである。アレキサンダー大王にチンギス・カン、そしてチムールなど名立たる征服者は必ずこの土地に軍勢を進めた。マルコポーロや玄奘(三蔵法師)もはるばる砂漠や山を越えてこの土地を訪れた。インドで生まれた仏教も、ガンダーラからこのアフガニスタンを経て中国へと伝わっていった。

考えてみれば、アフガニスタンこそはシルクロードにとりつかれた男たちが、一生に一度は訪《たず》ねねばならぬ「運命の地」なのかも知れない。イスラム教徒なら、たとえ何千キロ離れた辺境に住んでいようと、一生に一度は聖地メッカへの巡礼を果たすことが悲願だという。それなら、私もシルクロード教信者としてのつとめを果たさなくてはならない。東アジア辺境の小列島から西アジアの奥地へ。「聖なる地」アフガニスタンへの巡礼を。

何かを求めて未知の土地に入ること――人はそれを「探検」と呼ぶそうだ。それなら、私の巡礼の旅も、ある意味では「探検」に違いない。

こうして、一九七五年の春から秋にかけて私はその探検の計画や準備に没頭することになった。それは「たったひとりの探検隊」にとって、ヒンドゥークシュのそびえる未知の土地に至る、長い道のりの第一歩でもあった。

一　日本出発まで

探検の目的

アフガニスタンへ行ったら、これだけはやってこようという、いわば私にとっての「探検の目的」というものがいくつかあった。

第一は、何といっても、あのヒンドゥークシュの山中にそびえるバーミアンの大石仏をこの目で見てくることだった。あれはいつの頃だったか。少なくとも、日本にシルクロード・ブームのわき起こる前だったと思うが、山深い谷間の岩壁に刻まれてそそり立つ、その石仏の姿を見て（もちろん、写真でだが）言い知れぬ感動を覚えた。その時、「いつか、きっと自分の足で、この大仏の下まで行こう」と心に誓ったものである。世界最大といわれるその石仏が、私にとっては、アフガニスタンへの巡礼を決意させた、そもそもの発端だったといってよい。

第二に、アフガニスタン国内で発掘・調査された有名な遺跡からの出土品を見てくることである。それというのも、近年のアフガニスタンにおける考古学調査の成果はめざましく、今ではフランス、イタリア、ソ連、イギリス、アメリカ、ドイツ、インド、これに日本も加わって、各国調査隊が互いの成果を競い合う「発掘のオリンピック」の観を呈しているという。「文明の十字路」とまでいわれるこの国のことだから、過去にアフガニスタンと関わりを持ったいろんな民族の歴史や文化を示すものが見られる絶好の機会でもある。

とくに、アフガニスタン国内では過去にいくつかの有名な仏教遺跡が発掘されており、その成果は今、首都のカーブルにある国立博物館に収められている。滞在期間の短い私にとって、各地に点在する遺跡に足を運ぶことは、まず不可能に近い。詳細な地図と優秀なガイド、それに車がなければ、とてもできない相談である。となると、カーブルの国立博物館は絶対に見学の必要がある。

第三に、西アジア地域の中で最も昔のシルクロードの面影を残していて、かつて華やかに歴史の舞台に登場したアフガニスタンの主要な町を巡ること。そして、「文明の十字路」といわれるアフガニスタンを肌で感じ取ってくることである。

その他にも、民族音楽の録音や古い貨幣の収集……と、ざっと考えても、向こうへ行ってやることは、結構あった。

天候の問題

ところで、実際プランを練り始めてみると、余りにもわからないことが多く、そのたびに私の作業は中断された。つまり、アフガニスタンという国の情報がまるっきり不足していたのである。（考えてみれば、それくらい我が日本とアフガニスタンは、今まで縁がなかったというわけだ！）

一番心配したのは、「寒さ」である。探検を予定した十二月の下旬～一月初旬は、北陸でさえ相当の寒さと積雪に悩まされる頃である。「アフガニスタンへ行くのに寒さの心配？」と不思議がる人もあるかも知れない。なるほど、アフガニスタンは地図で見てもインド・パキスタンとイランにはさまれたあたりで、何となく日本人の我々にはだいぶ南方に位置しているような気がする。それというのも、インドに近いせいで、実は「インド」という言葉の印象から、「どうせ暑い所なんだろう」と考えがちなのである。

しかし、本当は北緯二十九度二十一分から三十八度三十分にわたって位置する国なのであり、日本でいえば、南端が奄美大島と屋久島の中間、北端が新潟・山形の日本海側県境ぐらいにあたる。

しかも、この国の平均高度はなんと二千七百メートル（！）といわれており、そんな土地の冬の寒さとなれば、それはもう私の想像の限界を超えたものでしかない。しかし、行くと決めた以上は、なんとか情報を集めて、少しでも具体的な状況をつかまねばならない。以前、アフガニスタンのカーブルで看護婦の仕事をしておられた鎌仲志保子さんの記憶によると、カーブルあたりでは夜の冷え込みはかなりきつく、マイナス二十五度にもなったことがあるという。雪も三十センチぐらいは積もり、積雪時になると、当然バーミアン行きのバスは出ない（！）とのことだった。

さらに都合の悪いことには、バーミアンの標高が二千五百メートルもあることで、千八百メートルのカーブルに比べれば、寒さが倍加すると考えねばならない。十月下旬に数日間バーミアンに滞在したという服部直人さんの話では、その頃でも夜は零度以下で、氷が張ったとのことである。

それに、アフガニスタンは鉄道のない国なので、探検にあたっては各種の路線バスを利用しなければならないが、こうした冬期のバス旅行自体、半分命がけといえば命がけに違いない。

こうなると、いったい全体、まともにアフガニスタンへ行けるかどうかも疑問になってくる。運よく現地へ着いても、余りの寒気に外へも出れず、積雪のためバスも運休となれば、いったいどうするのか。しかし、だからといって、私はこの時期以外にアフガニスタンへ行く機会を持たないのである。唯一の望み＝可能性は、この国の南半部（カーブル～カンダハル～ヘラート）を巡るコースだけである。あのあたりなら、冬でも多少は暖かいはずだ。――最小限、そこは回れるだろう。私はなんとか無理やり自分にそう納得させて、厳冬期のアフガニスタン行きに踏み切ったのである。

言語の問題

　さて、別の心配は言語の方である。今のところ、アフガニスタン国内で話されている主な言語といえば、ペルシア語とパシトゥー語の二つだといわれている。しかし、それが実際どんな言葉なのか、この私にわかるはずもない。その上、書かれる文字はあのアラビア文字ときている。さすがの私も、これにはお手上げだ。イスラム圏の国は、七一年にトルコとシリアを旅して経験しているが、トルコはローマ字で表記されていたし、肝心のシリアも、ペンフレンドの家にやっかいになったのだから、あんまり威張れたものじゃない。

しかし、いろいろ情報を集めてみると、英語もほんの若干だが通用はするらしいし、北部のトルキスタン方面では、トルコ系の言語がやはり若干通用していることがわかった。

今までの旅の経験からみて、言葉はたとえ片言でも、知っていた方がどんなにかプラスになる。そこで、私はとりあえずトルコ語とアラビア語の日常会話の練習に精を出すことにした。北部の方へ行ったら、トルコ語がひょっとして役に立つかも——と思ったからである。アラビア語をやり出したのは、別に大意はなかった。アフガニスタンへ行ったところで、イスラム教の礼拝の時ぐらいしか使い道がないのはわかっていたが、ペルシア語の会話帳が手に入らないので、これはその気休めに始めたのである。

ところで、そのペルシア語のことだが、会話帳がないからといって、何もしないというわけにはいかない。幸い、梅棹忠夫氏の『モゴール族探検記』や大野盛雄氏の『アフガニスタンの農村から』という本が出ており、その中にほんのわずかだが、基本的な単語が記されている。私は、それを一つ一つ拾い出しては、ノートに抜き書きして覚えることにした。もともと会話帳として書かれた本ではないから、あまり役に立つ単語はなかったが、それでも、その内のいくつかをあとで現地へ行った時に使うことになった。やはり、こういう努力は必要だと思う。

それにしても、文字の方は、数字ならいざ知らず、それ以外はまったく読めなかった。そういう状況のまま、私はアフガニスタンへ旅立つことになった。

ルートの決定

次は、ルートの問題である。アフガニスタンの冬の天候などを考えた場合、探検のルートも柔軟性を持った計画にしなければならない。

冬期の情報を検討した場合、一番難しく危険性を伴うのが、ヒンドゥークシュ山中のバーミアンへ行くルートといえそうだ。その次に難しいのが、北のバルク、マザーリシャリフかも知れない。マザーリシャリフ方面へは、ヒンドゥークシュの大山脈（サラン峠）を越えねばならないからだ。おそらく一番実現性の高いのが、南のカーブル〜カンダハル〜ヘラートのルートに違いない。南半部は、何といっても（標高が低くなるから）暖かいし、アジアの大動脈＝アジア・ハイウェイをたどるルートだからである。

最終的には、次の三つのルートが考えられた。①カーブル↓マザーリシャリフ、バルク、②カーブル↓バーミアン、③カーブル↓ガズニ↓カンダハル↓ヘラート……三つのルートとも、出発基地は首都カーブルである。カーブルが起点となるのは、アフガニスタンへの入国、また出国を、すべてこのカーブルの国際空港としたことにもよるが、何といっても、①から③までの全目的地への道路が、ここを出発点として出ているからに他ならない。

残念なことは、三ルートとも同じ道を往復しなければならないことだ。できれば、カーブル～バーミアン～マザーリシャリフ～ヘラート～カンダハル～カーブルと一周するのが理想的だが、今のところ、バルク～ヘラートのルートは非常な悪路だと私は聞いている。ガイドブック『アジアを歩く』（深井聰男著）では、トラック利用となっているルートである。日数も南半部のルートに比べると、倍も食いそうだし、どうも不安で未知の要素が多すぎる。——そうなると、結局三ルートとも同じ道の往復をやるしか手がない。

ここまでの検討をもとにして、ルートの選定順位を次のように決めることにした。つまり、第一目標・バーミアン（②ルート）、第二目標・ヘラート（③ルート）、そして、第三目標・マザーリシャリフ、バルク（①ルート）。

こうして、ルートは決定したが、日数を計算してみると、どうしても全部のルートを回るのは難しい。結局①～③の内、現地到着後、情報を検討して二つのルートを選ぶことにした。

全体計画を立てる

いろんな要素や条件を考えたあげく、探検の全体計画を決めたのは、出発直前の十二月十六日のことだった。この最終決定は、二回の修正を重ねて生まれた第三次プランだった。

（一九七五年）
十二月二十日(土)　富山〜東京
同　二十一日(日)　東京〜デリー
同　二十二日(月)　デリー〜カーブル
同　二十三日(火)　カーブル滞在
同　二十四日(水)　カーブル〜バーミアン
同　二十五日(木)　バーミアン滞在
同　二十六日(金)　バーミアン〜カーブル
同　二十七日(土)　カーブル〜カンダハル
同　二十八日(日)　カンダハル滞在
同　二十九日(月)　カンダハル〜ヘラート
同　三十日(火)　ヘラート滞在
同　三十一日(水)　ヘラート〜カンダハル

（一九七六年）
一月　一日㈭　カンダハル～ガズニ
同　二日㈮　ガズニ～カーブル
同　三日㈯　カーブル～デリー
同　四日㈰　デリー滞在
同　五日㈪　デリー発
同　六日㈫　東京着～富山

これは、一応②と③ルートを組み合わせたプランだったが、情勢が日々刻々と変化する中近東では、一つのプランだけに頼るわけにはいかない。常に、情勢に即応できる柔軟性が必要とされる。この最終プランでは、現地到着直後の二十二日から二十三日が重要である。ここで、情報を入手・判断し、バーミアンへ行けるかどうか、もしも積雪などで不可能の場合、予備の第三目標・マザーリシャリフ方面へのアタックに切り換えるのかどうか——を決定することになる。

「とにかく、あとは現地へ着いてからの相談だ」。四日後、東京へ向かう夜行列車の中で、私はそんなことを考えていた。——探検がいよいよ始まったのである。

二　インドの夜

デリー空港到着

一九七五年十二月二十一日。インド時間の午後九時半、旅客機は暗黒の闇におおわれたインド大陸の上空を飛び続け、ついにデリーに到達していた。これはしかし、また何とでっかい町なんだろう！　下は一面灯の海である。首都デリーは眼下に広がっていた。
──こりゃあ、大変な所だ。私は飛行機の窓からこの巨大な町の灯をながめて、正直そう思った。何せ、着いたら早速、今夜の「宿探し」が待っている。考えてみると、こんなに夜遅くデリーに着く飛行機に乗ったのは、失敗だったかも知れない。しかも、我々の旅客機は、どんどん市街地のはずれに向かって降下している。──何てこった。こりゃあ、いよいよ宿探しが大変だ。私は飛行場から町までの距離を思っただけで、一度に気が重くなってしまった。

このあと、テヘラン、ローマを経由してロンドンまで飛ぶという、そのＪＡＬ４６１便から降り立ったのは、わずか十人ばかりの乗客だった。空港ビルの中も実にガランとしていて、お寒いばかり。デリーで降りた乗客の内、日本人は私を入れて、たったの二人である。もう一人の日本人は、東京出身の小野君という青年だった。有難いことに、今夜は彼と一緒に宿探しをやることになった。

彼自身は海外旅行の経験が二、三回あると語り、私よりは余裕がありそうだった。それにひきかえ、こちらは二回目の海外旅行とは言っても、やはり久しぶりの一人旅でもあり、心細さは隠せなかった。そんな具合だから、実は機内にいた時から「どこかにいい道連れはいないものか」とキョロキョロしていたのも無理はない。

小野君に気づいたのは、香港近くになってからである。彼は東京を発ってからずっとインドのガイドブックをしきりにパラパラとめくって目を通していた。思いきって途中の香港で一時降りた際に尋ねると、やはりインドへ行くという。デリーの宿は「着いてから探す」と言うので、「それなら一緒に探さないか」と持ちかけたところ、快くＯＫしてくれた。これでとりあえず今夜の不安は解消した。何せ私はアフガニスタンのことばかりを考えていたので、デリーの地理はもちろん、ガイドブックの類もほとんど見てこなかったのである。こういう時は、よく勉強している者の後にくっ付いて行くに限る。

通関手続きにモタモタする内、他の外国人（欧米人）達は、さっさと姿を消してしまい、気がついたら、空港ビルの中は、我々二人だけである。幸い、町のホテルまで送ってくれる車があるというので、六ルピー（約二百二十八円）払って、外で待つ車に乗り込んだ。あたりは真っ暗だが、車の方は夜目にもそれとわかるオンボロバスである。そのオンボロ小型マイクロバスには、我々二人の他に、欧米の夫婦二組の先客があった。バスは、我々を積み終える（まさに、そんな感じだった）と、すぐに市街へ向けて走り出した。まわりを見回すと、どうやら、我々以外の客は、もうデリーにホテルを予約しているらしく、ゆったりと構えていたが、今からあてを探す我々には、そんな余裕などあるはずもなかった。

このバスに乗ってみて初めて、私は空港と市街の距離が予想以上に隔たっていることを知った。バスは、家の灯一つない大平原の暗闇の中を突っ走る。これじゃ、デリーの市街まで相当時間がかかりそうだ。

「ところで、あんた方。どこのホテルへ行かれるんですかい？」

向かいの席に座る、この車の助手が私の方を見て尋ねた。暗い中でよくわからないが、ボロのような服をまとった、人相も余りよくなさそうな男である。インド人は皮膚自体が黒いので、灯一つないバスの中では、眼だけが異様なまでにギョロッと光る。私は、狭っ苦しいオンボロバスに揺られながら、自分が本当にインドという外国にいることを実感していた。

インドの最高級ホテル

「小野さん！　さっき見てたホテル、何て名前でしたか？」

私は隣の小野君に大きな声で聞いてみる。何せ、このオンボロバスときたら、エンジンの音ばかりがやけに大きい、ひどい代物。中も使い古しのバタバタの座席ときてる。いきおい、会話も怒鳴り合いになる。「我々が行きたいのは、ここのホテルだ」。小野君が、あわててリュックからガイドブックを引っ張り出し、男に見せる。デリーは言うまでもなくインドの首都、大都会のはずである。こんな場合は、都心の安宿が何かと便利で好都合に違いない。そこで、我々としては中心広場「コンノート・プレイス」近くの安宿に泊まるつもりでいた。小野君が、助手の男に示したそのホテルは、一泊六～八ドル程度の所である。日本で一泊二千円前後といえば、ずい分安い宿だが、前回の中近東旅行の経験からみて、そのあたりが私にとってはかなり上等の宿の部類である。何せ、トルコあたりじゃ、毎度一泊三百円以下の宿を泊まり歩いていた私なんだから——。

　インドを旅する小野君にとっても、アフガニスタンへ向かう私にとっても、今回の旅は「金持ちの大名旅行」などではないが、海外へ出て初めての夜がインドの首都デリーであることを思えば、やはり泊まり代が多少高くても、清潔ないい所で寝たいというのが人情である。この先、どんな悪条件が待ち受けているかも知れないアフガニスタンのことを考えれば、なおさらだった。

　ところが、である。例の助手は小野君の示したホテルを見て、「ここは高い。俺はよく知ってる。まあ、一泊十七ドルはするかな」と言い出した。

「なんだと、十七ドル——！」

　我々は思わず顔を見合わせた。

「そんなはずはないんだがな？　この値段は交通公社の調べだから……」と、小野君。そこで、私は考える。この男、もしかすると、いい加減なデタラメを言ってるのかも知れない。……しかし、まてよ。ガイドブックも、すべて正しいとは限らない。でも、十七ドルと言えば、およそ五千円！　多少はぜいたくを——と思ってはいたが、これじゃあんまりだ。どうしたらいいのだろう？

あれこれ迷ってる内に、バスはとうとうデリーの市街地に入り込んだ。広い道の両側には並木が繋って、さすがに首都という感じである。街路が立派に整備されてるところをみれば、これはニューデリーの方らしい。ただ、夜も遅いせいか、人影はほとんどない。

——と、突然、行く手にすばらしい建物が照明に映えて、夜空に浮かび上がった。

「うわー、こりゃすげえ！」

我々がたまげていると、バスは何を思ったか、その入口へと向きを変えたではないか。日本人である我々から見れば、まるでインド政府の最高官庁としか思えない所である。運転手は、あっけにとられている我々にはお構いなく、さっさとそのまぶしいばかりの正面玄関に車を乗りつけてしまった。すると、入口に立っている召使いの男たちがすっ飛んで来る。信じられないことに、そこはホテルであった。その証拠に、ここで我々のオンボロバスから一組の夫婦が降りたのである。

「ありゃ、いったい何て名前のホテルだい？」

不夜城のような建物を指さしながら、私が尋ねる。すると、助手は言う。

「アショカホテルでさあ、旦那」

聞けば、一泊料金がブッたまげるような数字である。それもそのはず。帰国後、調べてみたら、「インドの最高級ホテル」と記されていた。およそ私には縁のない所である。我々貧乏旅行者は、その夜、ただそこの玄関を「通り抜けた」に過ぎないのだった。

間もなく、今度は残りの一組の夫婦が降りた。そこは、実に小ぎれいで感じのよい中級のホテルであった。あとは、いよいよ日本の貧乏旅行者が二人——。気がつくと、車はホテルを出た所で止まり、例の助手と運転手の不気味な眼が我々に向けられていた。——こいつらをどうしたもんかな、とでも言いたげな眼付きである。

「どうだい、あんた方。俺の知ってる所へ行かないか？　ちょいと郊外になるが、なに、泊まり代も安いし、中もきれいだよ」

助手の方がそう切り出して、我々にタバコをすすめる。弱ったことになった。こっちは、デリーのことなんぞまったく知らない。今朝まで、日本にごろごろしてたばかりなんだから——。どう考えても、形勢は我々に不利だ。

「——で、一泊いくらなんだ？」

もらったタバコを一服やりながら、向かいの男に聞いてみると、「——そうだな、まあ一人六ドルでいいだろう。ホテルに五ドル、俺達に一ドル出してくれればいいさ」と言う。

「小野さん、どうしようか？」

一応、相談はしてみたものの、他にいい考えがあるはずもない。六ドルなら、まあ初めの予算どおりのことだし、ここはひとつ手を打とうか。二人の意見がまとまって、ようやく車は彼らの言う「ホテル」へ向けて走り出した。何せ、真夜中(もう、空港に着いてから、かなりの時間がたっていた)とあれば、そういつまでもぐずぐずしてはおれない。不安は確かにあった。もしも、この男達が悪い連中だったらどうするか。「ホテルへ行く」と称して、さびしげな所に連れて行かれ、身ぐるみはがされるかも知れない。しかし、その時はその時である。やれるものなら、やってみろ。こっちだって二人、そう簡単にはやられないぞ、という気持ちだった。

車は、間違いなく、そして着実に郊外を目ざして走っていた。私は、助手の男に何度も位置を尋ねた。とにかく、我々が行くというホテルはどの辺にあるのか? 男は、「そこは……にも近い、……のそばだ」と答えたが、デリーに着いたばかりの私には、何のことやら皆目見当もつかない。

しばらく広い通りを突っ走り、とある所で狭い小路に入った車は、助手の「ここだ」という声で止まった。

「やれやれ、やっと着いたか」

そう言って降りようとした瞬間、車の中から男の指さす建物を見て驚いた。それもそのはず。そこは一見、普通の家なのだった。入口には「カンザス」と、何やらアメリカ合衆国の州の名前のようなものが、ぽつんと一つだけある灯に照らされている。どう考えても、ホテルなどとは思えない。

「こいつら、もしかしたら――」

私が小野君にそう言って用心しかけた時、建物の中から二、三人の男が我々の運転手を連れて現われた。そして、あれよあれよという間に、荷物を担ぐやいなや、我々を中へ引っ張り込んでしまったのである。わけもわからぬまま、入口に突っ立っていると、今度は奥から寝巻姿の男が現われた。多分、寝ついたばかりのところをたたき起こされたせいなのだろう、いかにも御機嫌斜めといった風である。しかし、一応は愛想よく我々にあいさつするところを見ると、どうやら、ここの主《あるじ》であるらしい。そうすると、やはりここはホテルの一種なのかも知れない。

しかし、安心するのはまだ早い。泊まり代の決着がまだついてないのである。そこで、部屋に案内される前に、私は主人に思い切って尋ねることにした。

「ところで、マスター、泊まりは六ドルと聞いたが――?」

「……？」

　すると、今度ばかりは反対に向こうの主人の方がびっくりしたのか、急に戸惑いの表情をみせ、案内して来た運転手を呼び寄せると、何やらボソボソ相談をし始めた。私の言った「六ドル」という数字が意外だったか、それとも運転手に渡すという「一ドル」が相場以上の額だったか、そのどっちかに違いない。おかげで、我々の方はとんだ舞台裏を見せつけられるかっこうになったが、結局は主人の方も了解してくれたらしく、先に立って部屋へ案内してくれることになった。いきなり、開口一番、客が泊まり代を宿の主に宣言するのもおかしな話だが、たった今デリーに着いたばかりの我々にとっては、真っ先に金額を確認しておくのが一番の安全策だった。

　部屋はまずまずといった所で、洗面所にトイレ、シャワーも付いている。ただし、ベッドはダブルのものが一つだけである。色々、話をしてみると、ここの主人も結構誠実な人物らしい。彼の息子や使用人の若者が何人かやって来て、我々の荷物を片づけてくれた。若者の一人は「ここには以前、日本の大学の教授が滞在していたこともある」と話す。まんざらウソでもなさそうだ。まわりは静かな住宅地帯のようだし、下宿するには、このくらいの所が手頃かも知れない。主人や若者達が我々に示す好意は、その大学の先生のおかげかも知れない。

部屋の電灯は随分と薄暗かった。日本のように、明るい電灯はこの先もう望めないのかも知れない。荷物を解いて、寝る仕度をする。気がつくと、十一時ちょっと前である。日記を書き終えてみると、小野君はもう隣で軽い寝息をたてている。

今夜はどうにか、やっとこさベッドにありつけたものの、明日は果たして、無事アフガニスタンに入れるだろうか?

三　ムスタファホテル

ムガール帝国の残影

十二月二十二日(月)。宿の朝食は、ボイルドエッグ(ゆで卵)二個に、パン数枚(ジャムとバター付き)、それに紅茶(これはミルク付き)である。インドでの最初の朝食は正直なところ、なかなか「つつましい」という感じだった。パンは小さくてうすっぺらだし、バターひとつにしても繊切りみたいに刻んだものが数切れ付いてるきりだった。「これはえらい所だ。食べたい放題の日本とは全然違うぞ」ということを我々は思い知らされたのである。

それはしかし、いい意味で我々の気持ちを引きしめる効果があった。小野君はこれからインドの国内旅行、私はアフガニスタンへ行く。これでも、まだいい方だろう。これからアフガニスタンに入れば、もっと粗末な朝食をとることになるだろう。ぜいたく言うたらあかん——私はそう自分に言い聞かせた。

ところで、きょうは午後の飛行機でアフガニスタンへ飛ぶことになっている。アリアナ

フマユーン廟（デリー）

航空の事務所に電話してみると、午後の一時半までに空港のカウンターに来てくれればいいという。それなら、昼までは少し間がある。宿に荷物を置いて、小野君と一緒に近くのフマユーン廟の見物に出かけることにした。

「フマユーン」は、ムガール帝国第二代皇帝（在位一五三〇〜四〇、五五〜五六）の名前である。廟は赤い砂岩を使った堂々たる建築で、周囲は大きな城壁のようなもので隔てられている。門をくぐって中に入った印象は、写真で見たタージ・マハルを連想させたが、美しさという点では、とてもタージ・マハルにはかなわない。なぜか全体的に素朴で、武骨さのようなものが満ちているのである。考えてみれば、フマユーン廟はムガール帝国のごく初期の建築であり、約一世紀遅れて建てられたタージ・マハルとは、当時の社会状況もかなり違うはずである。いずれにせよ、あのタージ・マハルがこのフマユーン廟の影響を受けてできたことは間違いあるまい。ところで、ムガールはイスラムの帝国のはずなのに、どう見ても以前トルコやシリアで見たイスラム建築とは違う。確かに主体はイスラムの様式なのだろうが、あちこちにインドの土俗的な要素が盛り込まれているような気がする。

ムガール帝国は、中央アジアに一大勢力を有したチムールの末裔バーブルの建てた国である。フェルガーナ（ソ連中央アジアのウズベク、タジク、キルギス社会主義共和国にまたがる地域。シル・ダリヤ上流域のパミール山塊北端と天山山脈西端の山脈に囲まれたフェルガーナ盆地を中心とする。――前嶋信次《まえじましんじ》・加藤九祚《かとうきゅうぞう》編『シルクロード事典』による）出身のバーブルは、終生サマルカンドの征服を夢みたといわれるが、ついにその夢も実現することはなく、一五三〇年に没した。遺体は彼自身がこよなく好んだといわれるアフガニスタンのカーブルに移されたが、この結果、ムガールはインド世界に君臨する帝国への道を歩むことになる。フマユーン廟の建築は、まさにそうした流れの転換を象徴しているかのようである。

アフガンへ飛ぶ

昼になった。宿で呼んでくれたタクシーに乗り、デリーの国際空港へと向かう。もう、ここから先は一人旅である。空は幸いにスカッと晴れ渡った青空で、きょうの飛行には何の心配もなさそうだ。

デリーから私をアフガニスタンまで運んでくれるのは、アリアナ・アフガン航空というところの飛行機である。飛行場の一角に待機中のそのジェット機は、昨日のジャンボジェットに比べれば、まるで子どものようだが、見かけはなかなかスマートだ。

面白いことに、地上から機内に乗り込むタラップは飛行機の尾部にあり、その尻尾のような所から客が出入りする。あとで調べてみたが、どうもソ連が国内線用に使っている中型のジェット旅客機だったようだ。デリー〜カーブル間は、二日か三日おきぐらいにしか飛ばないので、この日も利用率は百パーセントという盛況ぶりである。

私が、初めてアフガンの女性にお目にかかれたのは、この機内である。彼女達は、デリーからアフガニスタンの首都カーブルまで、約一時間の空の旅の間、我々のサービスをしてくれるスチュワーデスだった。

女性の職場進出が、それほど多くはない回教国だから、スチュワーデスのような職業についている彼女達はまさにエリートと言っていい。確かにきれいな娘さん達ばかりだ。彫りの深いその美しい顔に見とれていたら、突然、むき出しの毛深い腕を見せつけられて、思わずハッとなる。うーむ、やっぱりアフガニスタンはたくましい遊牧の民の国なのか。

飛行機の中にはいろんな国の連中が乗っていて、種々雑多である。一番にぎやかなのは、アメリカの若者グループだ。こんな所でも、しきりにコーラを注文しては、スチュワーデスを走らせている。大方、アフガニスタン国内を団体で旅行する連中なんだろう。

うしろの男達はまた、一風変わっていた。何かわけでもあるのか、こんな飛行機の中で、次から次へとタバコを買い込んでいる。ここなら地上よりも安く手に入るとでもいうのか、まるでタバコを買い占めるために乗ってきたような連中である。やたら札束を振り回しては、いろんな種類のものを仕入れているところをみると、アフガニスタンで行商でもやるつもりなのだろうか？

そうかと思えば、隣のインド人らしい男。実に大事そうに、日本製らしいラジオカセットを膝の上に置いて、ずっと抱え込んだままである。彼にとっては、大金を払って買った大事な財産なのだろう。ヒゲ面の私が窓際にしがみついてるせいか、時折、遠慮がちに外の景色をチラリ、チラリと見ている。

離陸して間もなく、思いがけず昼食が出た。貧しいアフガニスタン巡礼者にとって、これは何よりの施しというものである。しかも、その昼食は何ともなつかしいマトン（羊肉）料理ではないか。四年ぶりによみがえる中近東の味である。チャイ（紅茶）もまた格別だ。アフガニスタンの印象は、入る前からなかなか悪くない。

窓の下には茶色の大地が広がる。高度はどれくらいなのか、まるで見当もつかないが、村や家らしきものも見えないから相当高いのだろう。地形はしかし、ひどく厳しい。平地がまったく見えない。河川（もちろん、今は水がない）に刻まれた山襞《ひだ》がどこまでも延々と続いて、変化があるようで変化のない地形である。まさかアフガニスタンは、こんな山ばかりの所じゃあるまいな？　ちょっと不安である。それにしても、雪が見当たらないのはいい。何といっても、今回の探検にとって、積雪は一番の心配の種だからである。雪さえなければ、暑かろうが、何だろうが、とにかくやりたいことをやれる。

そう思っていたのも束の間、カーブルにいよいよ近づくと、いったいどうしたことか、何やら白いものが下の山肌に点々とし始め、ついにはすっぽりと雪をかぶった山々ばかりとなった。しまった、雪がある！　残酷にも、出発前に予想していた最悪の事態が、今や現実のものになろうとしている。私は呆然となって、その一面の銀世界に目を奪われていた。どうやら、アッラーの神はアフガニスタン入りをあんまり楽観している私に「そんなに甘い所やないで！」と警告したようだ。

待っていた日本人

しかし、何というスリルのある飛行なのだろう。我々の旅客機はそそり立つ雪山の頂をかすめるようにして、旋回を続け、次第に高度を下げて行く。アメリカ人の連中も歓声を上げている。

地上がぐんぐん近づく。家や畑が見えてきた。出発前に本で読んだように、土壁が家や畑のまわりを囲んでいる様子が手にとるようにわかる。何か閉鎖的な感じが強い。

旅客機はとうとう草原のような所にある飛行場へと滑り込んだ。有難い！　地上に雪はない！　積雪は、どうやら高い山の上ばかりだったようだ。——やれやれ、という気分である。アッラーの神も、お人が悪い。私はもう少しで、このアフガニスタンに暗澹《あんたん》たる気分のまま第一歩を印すところだった。

滑走中の窓から目を凝らすと、ソ連製のヘリコプターがいくつか並んでいるのが見えた。アフガニスタンは、やはり北の大国ソ連の影響が強いのかも知れない。よく見ると、どのヘリコプターのそばにも、銃を持った兵士が立っていて、思わず緊張する。ここは、軍事基地の一つでもあるのだ。

タラップを降りると、さすがに空気が冷たかった。アフガニスタンが「高原の国」であることを痛切に感じる一瞬である。見上げると、こぢんまりとした空港ビルの上には、出迎え(!)の人々なのだろうか、黒山の人だかりができていて、私を驚かせた。これだけの人が来ていながら、しかし、私を迎えてくれる人はいないのである。そんなことはとうにわかりきったことなのだが、やはりちょっぴりさびしい気がするのは仕方がない。

アフガンタイムで午後三時半。たった一人の探検隊は、ついにカーブルの空港に降り立ったのである。

税関では荷物の中をひと通り軽く検査して、それで終了。さあ、これで晴れてアフガニスタンに入れた。入国の印象は悪くない。「何か私がいただける物はありますか?」と、何気ない顔で物乞いを言うようなインドの税関とは、えらい違いだ。

陸路イランから入る西の国境税関の評判があまりよくなかっただけに、これは予想外であった。アフガニスタンの空の玄関「カーブル空港」は、極めて紳士的である。

「――あのう、ちょっとすみませんが」

税関を出たばかりの私に、突然、日本語で声がかかった。見れば、日本の若い男女が四、五人も立っている。二度目にびっくりしたのは、彼らが背広にネクタイといった、実にこざっぱりとした服装だったことである。

「今の飛行機に、日本人の女の人が二人乗ってませんでしたか?」

「……いやあ、乗ってませんでしたよ」

と答えると、

「やっぱり、乗れなかったのかな」などと言って、相談している。どうやら、きょうの便でデリーから着くはずの知り合いを迎えに来ているらしい。それにしても、このカーブルにこんな格好の日本の若者達がいるとは知らなかった。キャラバンシューズにリュックサックという格好の私とは、ひどく対照的だった。

彼らは、その服装や態度から見て、このカーブルに長く滞在している連中に違いない。それなら、このまま放っておく手はない。

「実は、今、デリーから着いたばかりなんだけど、どこか安くて手頃なホテルはないだろうか？」

町へ引き返そうとする彼らをつかまえて尋ねてみた。

「そうねえ……、パークサイドホテルもいいし、……ムスタファホテルもきれいじゃない？」

女の子の一人が、他の連中と話し合っている。

「そのムスタファホテルってのは、どの辺にあるんですか？」

思わず、私の口からそんな言葉が出た。何と言っても、「ムスタファ」は私自身が初めて海外旅行記を出版した折（七三年春）、一時ペンネームにしていた名前である。これも何かの縁かも知れない。この際、ひとつそのムスタファホテルとやらへ行ってみるとするか。

空港ビルで、若干のドルをアフガンの金に両替してもらう。一ドル＝五十五アフガニがここのレートである。日本円に換算して、一アフガニが約五円五十銭ということになる。

リュックを担いで外へ出たが、市街までは結構距離がありそうなので、止まっているタクシーに乗り込んだ。すると、あとから若い女性がさっと乗り込んで来て、タクシーが走り出した。

「スピンザルホテルですか、それともカーブルホテルですかい？」

運ちゃんがバックミラーをのぞきながら私に尋ねる。スピンザルもカーブルホテルも、

ムスタファホテルの窓から見る通りの風景

みんな欧米人向けの高級ホテルである。

「――いや、ムスタファホテルまで頼むよ」

と、すました顔で言ったら、運ちゃんの答がふるっていた。

「――ムスタファホテルですかい？　そりゃ、ちょっと安過ぎる宿ですぜ、旦那！」

そう言いながら、一緒に乗り合わせた女の客と笑っている。女の子にまで笑われたんじゃ、これは考えものだったかな……などと思案してみたがもう遅い。タクシーは、郊外の広い道を突っ切って、町の中へ走り込んでいる。

さて、大見得を切ってたどり着いたその「ムスタファホテル」は、シャリナウ（ペルシア語で「新市街」の意）という所のにぎやかな表通りの交差点に面していた。狭く、薄暗い階段を登ると、二階は一見日本の食堂か喫茶店のような感じの広い部屋である。重いリュックを背負った私がドアを開けて中に入ると、たむろしていた男達(もちろん、女っ気などはないのだ。回教国だから)の好奇の目が一斉に私に注がれた。受付はどこかとキョロキョロしていたら、一目でモンゴル系とわかる顔立ちの小柄な男がやって来て、私に「泊まるのか?」と声をかけた。彼が、ここのマネージャーをしている「ミスター・アリフ」だった。

アリフは、チョビひげをはやし、ブロークンの英語をしゃべる気どった男である。聞けば、一泊が八十アフガニ(四百四十円。ただし、食事は別)だという。四百四十円なら、三ドル(九百円)ぐらいの所を考えていた私にとってはいい値段だ。第一印象が、まあ清潔な風だし、食堂からは下の表通りの様子がよくわかる。それに、交差点のそばで、場所もいい。

「じゃあ、決めた。とりあえず二泊だ」

と言うと、奥からこれもチョビひげをはやした背の高い男が現われ、私のリュックをひょいと肩にかけ、部屋の方へと案内してくれた。うす暗い廊下をいくつもぐるぐる回って行くと、そろそろ日暮れ時で中の空気も寒々としている。何とはなく、夜のきびしい寒さが思いやられそうである。

通された部屋は、中近東としては、まあきれいな部類だった。掃除も行き届いていて、ゴミ一つ落ちていない。ベッドは二つあったが、肝心の暖房はと言えば、どうしたわけか、ちっちゃな電気ストーブが一つあるきりである。試しに使ってみたが、せいぜい手をかざすか、足の裏をあぶるぐらいが関の山だ。ほとんど「暖房」の役には立ちそうもない。

ともあれ、このがらんとした殺風景な部屋とムスタファホテルが、今から私のカーブルにおける根城となるのである。

バーミアンへ行く方法はあるのか?

それにしても、ここの日没は早い。四時半ぐらいで、陽は向かいにそびえる山の向こうに沈んでしまう。部屋の電灯をつけると、どうにか寒い部屋でも、気分だけは暖かくなる。ベッドに毛布は付いているが、すでに寒気はあたりに忍び込んでいて、体が冷えてくる。早速、日本から持参したキルティングに着替えてみたが、それくらいではどうにもならない。結局、寝袋が一番暖かそうなので、足を中に入れ、たった一つしかない電気ストーブに両手をかざして暖をとる。夢にまで見たカーブル第一夜だというのに、あんまり優雅な格好とは言い難い。アフガニスタンの夜が、ずっとこんな具合だとすると、多少覚悟はしていたものの、先が思いやられそうだ。おまけに、この季節だと泊まり客も少ないのか、ホテルの中は不思議な静けさに包まれていて、ほんのたまに廊下を通るここの使用人の足音が響くだけである。

こんな時、人恋しさも手伝って、明るい方へと足が向くのは自然なことである。寝る前に、バーミアン方面行きの情報を集めることも今夜の仕事なのだ。食堂へ出かけると、ひっそり静まりかえったホテルの中で、ここだけはにぎやかな雰囲気で一杯である。中央に大きな薪ストーブが据えつけられ、マネージャーのアリフをはじめ、ここの使用人や数少ない泊まり客が、それを囲んで雑談している。

夕食をすませ、チャイを飲みながら、彼らに今バーミアンへ行けるかどうかを聞いてみる。だが、夏や秋ならいざ知らず、さすがにこんな真冬の時期に行く物好きはほとんどいないとみえ、誰からもはっきりした情報をつかむことができない。考えてみれば、無理もないかも知れない。日本と違い、「今、バーミアンに雪はあるかい？」と聞いたところで、テレビで天気予報をやってるわけじゃなし(もっともテレビなんて物もないんだから！)、誰の口からも「そうさなあ……」という返事があるだけである。これじゃ、どうにもならない。首都のカーブルの真ん中ですら、こんな具合なのだ。この国へ来て、情報を集めることの難しさに初めて直面したのである。――仕方がない。こうなったら、明日、町の中を歩いてバスか何かを探してみよう。私はそう決めた。

数少ない泊まり客の中に、一人だけ欧米風の若い男がいた。話してみると、オーストラリアから来たという。もう一晩ここにいて、あさって西へ向けて発つのだという。

「――で、どっちまで行くんだい?」

と聞くと、「イスラエル」という答が返ってきた。一人で、西アジアを旅してイスラエルに行き、これからずっとそこで暮らすのだそうだ。なかなか大した男である。若干心細い思いをしていた私も、彼のような男に会って少しは勇気づけられる気がした。何ゆえ彼が母国での生活を捨て、遠いイスラエルで生きようと決心したのか、それは私にはわからない。しかし、そういう思い切った生き方ができるということは、やはりうらやましいと思う。

寝る前に外へ出てみた。結構冷えている。近くの商店街には明かりがついていたが、ショーウインドーだけで、店の方はとっくに閉まっている。人影も思いの外少なく、トルコやアラブで経験したにぎやかさに比べ、ここの様子はえらい違いだ。どうしたわけか、警官の巡回にしょっちゅう出くわすが、その警官が各商店の戸じまりをいちいち確認しているのには感心する。道路に雪はないが、あちこちの水たまりには氷が張っている。

それにしても、トルコやアラブと違い、表通りにしろ、裏通りにしろ、ブラブラしてる男達の姿がないのが意外だった。寒いせいか、みんな足取りも早く、スタスタと先を急ぐ連中ばっかしで、どうも勝手が違う。威勢のいい声を張り上げているのはシシカバブ屋のおやじか、道端でタバコを売りつける子ども達ぐらいのものだ。同じ回教圏でも、万事につけて物見高いトルコやアラブの人間とは随分違うもんだと思う。アフガンの連中の性格の一端が、何となくわかったような気がした。

【補注】

ソ連の兵器援助

アフガニスタンに対するソ連の兵器援助は一九五六年から始まり、戦車やミグ戦闘機などが送られ、兵器体系はソ連式になっていった(恵谷治『アフガニスタン最前線』芙蓉書房、一九八三年)。

四　バーミアンへの道

アフガンの仏たち

翌朝は五時頃、まだうす暗い内とはいえ、町中に響くアザーンで目をさます。「アッラーは偉大なり。アッラーの他に神はなし」とでも唱えているのだろうか。まだ明け切らぬ町中に流れてくるアザーンは、「とうとう中近東に来たんだなぁ」という感慨に私を浸らせた。

この国の人達は、もう起きてお祈りでも唱えているのだろうが、「異教徒」である私には関係のないこと。そのまま再び眠り込んで、起きたのが七時頃である。

身仕度を整え、軽い格好で出かける。昨夜の食堂に顔を出してみたが、八時を回った今ではもう誰もいない。すでに忙しい朝はすんだあとで、もぬけの殻である。腹もあまり空いていないので、そのまま町へ出ることにした。

まず、市内にあるアリアナ航空のオフィスに行き、そこで帰りの一月三日デリー行きのフライト予約を再確認してもらった。アリアナのオフィスは、カーブルホテルの隣にあり、受

タクシーの走り回るカーブルの市内中心部

付のきれいな女の子が流暢な英語でOKだと言ってくれた。
さあ、あとはバーミアン行きだなと思いながら、ブラリブラリと近くを歩いていると、「旦那、どちらまで?」と声をかける者がいる。見れば、カーブルホテルの前に止まっているタクシーの運ちゃんである。色々話してみると、結構英語をしゃべる。私が日本人だと知って、車の中から何やら紙切れを取り出し、「これを読め」という。何だろうと思って見れば、そこに日本語で「この運転手は英語をよく話します」などと書かれてある。どうやら、以前この運ちゃんの世話になった日本人が書き残して行ったものらしい。
何せ、ここではペルシア語ばかりで、なかなかまともな英語をしゃべる者はいないから、これは大助かりである。「まともな」英語とは言っても、誤解してはいけない。いわば「アフガン英語」とでも呼ぶべきもので、ちょっとばかしクセのあるブロークン・イングリッシュなのである。それは、我がムスタファホテルのミスター・アリフがやるように、数字の三を「トゥリー」、三十を「ターティ」、千を「タウザント」、敬称のミスターを「ムスター」などと発音する調子の代物だから、初めの内は英語なのかドイツ語なのかわからないことが多い。相手がみなそんな具合だから、こちらもわざわざブロークンの発音に直してしゃべらないと、ここでは英語が通じないことになる。まったく、難儀な話だが、これも「郷に入れば郷に従え」でやむを得ない。

その運ちゃんと話してる内に、とりあえず国立博物館に行ってみようという気になった。博物館は町のだいぶ郊外にあり、ちょうど今日はそこへも行かねばなるまいと考えていたところである。カーブルへ来て、ここの博物館に足を運ばないようでは、カーブルへ来た意味がないと言えるくらいにここは重要である。国内各地の遺跡から発掘された出土品が置いてあり、それをつぶさに見学することは、大半が交通の不便な所にあるそうした遺跡を訪れる余裕がない私にとって、バーミアン行きと同じくらいの意味を持っている。

博物館は、郊外の大通りに面した一角にあった。入口に着いてみて、驚いた。銃を担いだ兵士が門番なのである！　ちょっと常識では考えられない物騒な国だ。いったい、博物館の入口に武装した兵士を立たせる必要があるのだろうか？――アフガニスタンは、実に不思議な国である。

建物の中は昔の宮殿のような造りで、必ずしも博物館としては適当な施設と言えないが、その陳列品は思わず目を見張らせるものばかりだった。

確かに、そこにはまさに「すごい」ものが所狭しと並べられていた。まず正面入口にスルフ・コタル（「赤い峠」の意）から出土したクシャン朝のカニシュカ王の像がある。これは二世紀のものといわれ、上半身がなくて、下半身だけのものである。

上に登ると、二階の最初の部屋にヌーリスタンの珍しい木彫がある。「珍しい」と言ったのは、特別の意味があってのことで、「回教圏では」という言葉を付け加えるべきかも知れない。――周知の通り、回教の世界では偶像が禁じられている。だから、以前仏教が栄えていたアフガニスタンの地域でも、残っていた仏像が破壊されたくらいである。では、なぜヌーリスタンに、このような彫像が残るのか？

実は、ヌーリスタンはかつて「カフィリスタン」（異教の地）と呼ばれた、アフガニスタ

後日の戦乱でタリバンにより破壊されたカニシュカ王像（カーブル博物館）

焔肩仏坐像（カーブル博物館）

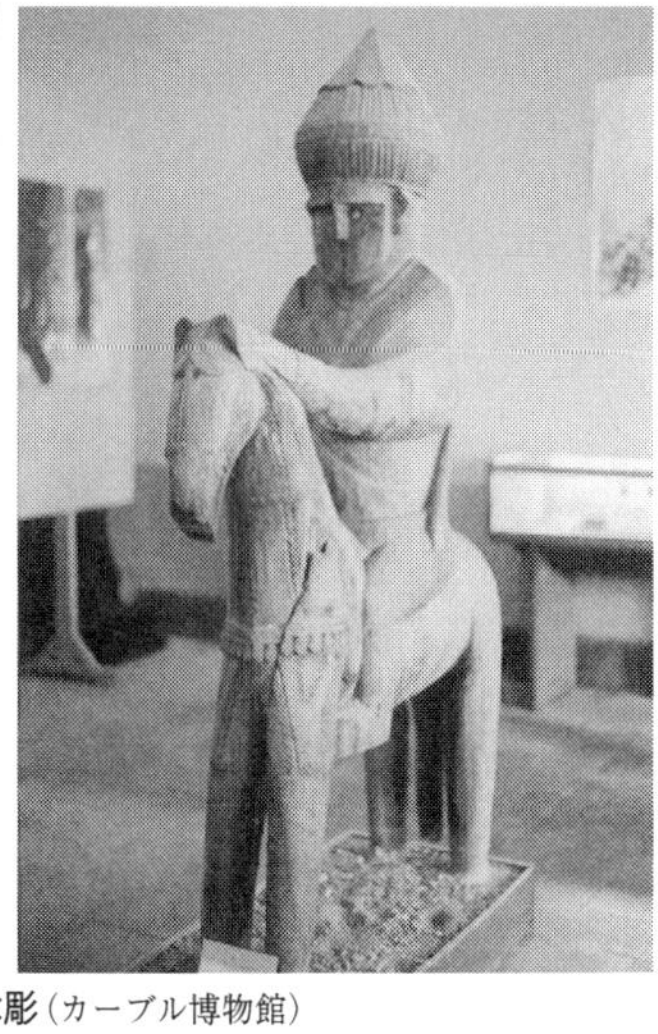

ヌーリスタンの木彫（カーブル博物館）

涅槃の釈迦像（カーブル博物館）

ン東部国境の山岳地帯なのである。アフガニスタンが回教化したのちでさえ、この地域の人々（彼らは、人種的にも文化的にも周辺の人々とは異なるという）は頑強に回教への改宗を拒み続け、自然の魂を祭る独自の習慣を守り続けた。そのため、この地域はカフィール（非回教徒、異教徒）の地＝「カフィリスタン」として知られたのだという。展示されているこれらの木彫は、そのカフィリスタン文化を伝えるものなのである。

だが、そのカフィリスタンにも、ついに征服される日がきた。十九世紀の末になって、この地は国王アミール・アブドル・ラーマンによる征服を受け、アミールはその時、こう述べたといわれる。「これからは、異教の地の『カフィリスタン』は光の地『ヌーリスタン』として知られるだろう」と……。

供養者に囲まれた弥勒菩薩(カーブル博物館)

ヌーリスタンの由来は大体こんなところだが、回教化の波の中で最後まで独自の文化を守ったその土地の人々に対し、何か不思議な魅力を感ぜずにはおれなかった。

ヌーリスタンの部屋を出ると、そこから先はおびただしい数の仏像が陳列されていて、目を見張らせた。カメラのシャッターをほとんど切りっ放しのまま、私は吸いつけられるようにその一つ一つを観察する。間違いなくギリシア風の面影がある! 確かに日本の仏さんとはえらい違いだ。「仏像とはこんなものだ」という一つの既成概念が、日本を発つまでの私にはあった。しかし、ここで見る仏像はどうだ! 日本で見たことのある仏像よりも、ずっと人間臭く、何か生き生きとした温かみがあるではないか。

この時、私の胸に去来したのは、仏教が辿ったインドから日本に至る長い長い道のりだった。しかし、それは同時に、日本人である私が西アジアの奥地・アフガニスタンを初めて身近に感じた一瞬でもあった。

中でも、フォンドゥキスタン出土の彩色塑像坐仏やハッダ出土の仏頭はすばらしかった。ここの案内の老人(別に頼んだわけでもないのに、いつの間にやら私を先導しだしたのである)も心得たもので、「本来はだめなんだが……」と言って、あたりに人がいないことを確かめると、陳列ガラスの戸を開けてくれる。こうすれば、ガラスの光も反射せず、いい写真も撮れるというのである。もちろん、こうした献身的サービスがあとで何がしかの礼金の要求という結末になったのは当然である。

菩薩の顔(カーブル博物館)

それにしても、なんと数多くの仏像が集められたのか! 私の驚きは、アフガニスタンにこれほどまで数多くの仏像を生んだ「仏教」に移っていた。この国には、私のちっぽけな予想をはるかに超えた仏教の定着があったのだ。おそらく大方の日本人は、今やまった

郵　便　は　が　き

お手数なが ら切手をお 貼り下さい

5　2　2－0　0　0　4

滋賀県彦根市鳥居本町655－1

サンライズ出版 行

〒

■ご住所

■お名前《ふりがな》　　■年齢　　歳　男・女

■お電話　　■ご職業

■自費出版資料を　　希望する ・ 希望しない

■図書目録の送付を　　希望する ・ 希望しない

サンライズ出版では、お客様のご了解を得た上で、ご記入いただいた個人情報を、今後の出版企画の参考にさせていただくとともに、愛読者名簿に登録させていただいております。名簿は、当社の刊行物、企画、催しなどのご案内のために利用し、その他の目的では一切利用いたしません（上記業務の一部を外部に委託する場合があります）。

【個人情報の取り扱いおよび開示等に関するお問い合わせ先】
サンライズ出版 編集部　TEL.0749-22-0627

■愛読者名簿に登録してよろしいですか。　□はい　□いいえ

ご記入がないものは「いいえ」として扱わせていただきます。

愛読者カード

ご購読ありがとうございました。今後の出版企画の参考にさせていただきますので、ぜひご意見をお聞かせください。なお、お答えいただきましたデータは出版企画の資料以外には使用いたしません。

●書名

●お買い求めの書店名（所在地）

●本書をお求めになった動機に○印をお付けください。

1．書店でみて　2．広告をみて（新聞・雑誌名　　　　　　）

3．書評をみて（新聞・雑誌名　　　　　　）

4．新刊案内をみて　5．当社ホームページをみて

6．その他（　　　　　　）

●本書についてのご意見・ご感想

購入申込書　小社へ直接ご注文の際ご利用ください。お買上 2,000 円以上は送料無料です。

書名　（　　冊）

書名　（　　冊）

書名　（　　冊）

くの回教国であるこの国に仏教が定着していたなどということをよもや知るまい。第一、日本ではパキスタン北部の「ガンダーラ」ばかりを口やかましく言って、アフガニスタンの仏教などは語られていない。これは、日本人がアフガニスタンの仏教をあまりにも軽視したからに違いない。しかし、見よ。ここには、これほどすばらしい数々の仏像が残っている。あのバーミアンの大仏(最近になって、日本でも随分と写真なんかで見る機会も多くなったものだが)にしたところで、こうした仏像群が土台になって、できたものだろう。これは大変なことだ。私自身、アフガン仏教をひどく馬鹿にしていたようだ。

——感動のせいか、シャッターを切る指が思わず震える。そういえば、前にもこんなことがあった。あれは、福井の一乗谷で野辺に散乱する五輪塔を撮って回った時だっけ……。フッと、そんな思い出が脳裏をかすめる。気がついた時には、だいぶ時間もたっていた。大あわてで、今度は宿へとタクシーを走らせる。

八十ドルで手を打つ

アジー・ネクママードと名乗る、そのタクシーの運ちゃんは、ホテルへ戻るまでの道すがらずっと私にしつこくバーミアン行きをすすめた。

「いいかね、旦那」そういう具合に、この運ちゃんはありったけの英語を使いながらしゃべりまくる。

「今のカーブル中、どれだけ探したって、俺ほどの運転手はいないよ。バーミアンだって、マザーリシャリフ、バルクにしろ、カンダハル、ヘラート、ハッダ、ジャララバードにしたって、今まで何回この車で外国のお客を案内したか知れないんだ。——バーミアンに行くんだって？　それなら、この俺に任しときな。あそこなら、日本人だって何人も乗せたことがある。——金かい？　なに、八十ドルでいいさ。朝、カーブルを出りゃ、夕方にはバーミアンに着く。ひと晩泊まって——もちろん、俺が安くていいホテルに案内するから心配ない——次の日、またカーブルに帰る。途中のチャイハナ（茶店）だって、みんな知った所ばかりさ」

これは、耳寄りといえば耳寄りの話である。何せ、きょう中にバーミアン行きのバスを見つけねばと思っていた矢先である。ただ、一泊二日のチャーター代が八十ドルとはえらくふっかけたものだ。一泊二ドルにも満たない金でムスタファホテルに泊まっている私のような男が、八十ドルでタクシー借り切りの一泊二日旅行とは！　まったく、「超豪華版」

もいいところである。

「——だけど、一泊二日だろう。それぐらいで八十ドルは高いな」と言うと、

「そんなことはありませんぜ、旦那。途中、あんたが飯にしたいと言われりゃ、あっしのよく知ったチャイハナで止めてあげるし、どこそこの写真を撮りたいと言われりゃ、ちゃんときれいに写る所で車を止めてあげますさあ。とにかく、全部旦那次第なんだから——」ときた。

なるほど、この運転手、今まで各地の遺跡や観光地を随分と案内して回った経験があるようだ。往復の間中、タクシーを自由に使えるのはなかなか魅力だし、遺跡やその他いろんな場所にも詳しく、英語もまあ結構しゃべれるとなると、この際、タクシーで行くのも悪くはなさそうだ。ただ、一泊二日じゃ短かすぎる。あのバーミアンには大仏をはじめ、シャル・イ・ゴルゴラなど見るべき所は多いのである。

「どうだ？　バーミアンに二泊して、往復三日で八十ドル。それなら、ＯＫしよう」ともちかけてみる。

「——二泊三日？　いいですとも！」

これで、話は決まった。八十ドルは惜しいが、この際清水の舞台から飛び降りた気持ちで、ひとつ賭けてみよう。どうも、きのうからの様子じゃ、バーミアン行きのバスを見つ

けるのは難しそうだ。観光シーズンのとっくに去ったこの厳冬期には、至難のわざかも知れない。それでも、滞在日数に余裕があれば、じっくりバス会社回りでもやって、安いバスの一つも見つけれるだろうが、今の私にはとてもそんな悠長なことをやってるヒマはない。ここはひとつ、このチャンスに賭けてやれ。こうなったら、当たって砕けろである。

ホテルの前で別れ際に、アジーと明日の打合せをする。アジーも、さすがに商売慣れしているとみえ、

「まず、俺に今十ドル欲しい。なに、その金でこれから車の整備をやっとくのさ。残り七十ドルは、旦那をバーミアンからここへ連れて帰ってからでいい」と言う。

前金で十ドル寄こせとは、意外である。普通、中近東あたりじゃ、運ちゃんに前金を渡すような馬鹿はいないものである。あくまでも、着いてからが原則だ。ここで十ドル渡すのは、だから、かなり勇気がいることなのだ。しかし、このアジーという男、何となく信用できそうだ。結局、私は前金を渡すことにした。

「じゃ、明日は朝八時にここへ迎えにきますぜ、旦那」

アジーは私から十ドル受け取ると、さっさと引き揚げて行った。

――奴は俺をだましたかな？　一瞬、そんな疑惑がチラリと脳裏をかすめた。まあいい

さ。明日になれば、ウソかまことかわかる。何はともあれ、これで第一目標にしていたバーミアンへ行く道が開かれたのだ。私はうれしくなって、宿の階段を駆け登った。

ようこそ、バーミアンへ

十二月二十四日㈬。六時半といえば、外はまだ暗いが、バーミアンへ行く日とあっては、いつまでも寝袋の中にもぐっているわけにはいかない。起きて仕度していると、八時近くになって、勢いよく部屋のドアをノックする者がいる。開けて見れば、昨日の運ちゃんアジーである。ホテルの者に部屋を聞いて、わざわざ迎えにきてくれたらしい。まだ約束の八時には多少間があったが、時間前に迎えにきてくれるとは感心な男である。何せ、中近東という所は、時間の約束があてにならない所である。こういう所で、アジーのような男も珍しいかも知れない。彼を信用しておいてよかったと、私は思った。

カーブルホテルの前で、欧米の外国人客相手に商売しているだけあって、さすがにアジーも手慣れたものである。何も言わぬ内に、私のリュックを部屋から車に手早く積み込んでくれる。さあ、いよいよ出発である。目ざすは、バーミアン！

我々の車は、郊外へ出てからめっきり車の数が減った幹線道路をフルスピードで北へと走った。この舗装された二車線の幹線道路は、カーブルから一路北へ、あのヒンドゥークシュの大山脈を越えてマザーリシャリフへと通じているものである。

道の両側には、今ではもうすっかり冬仕度の整った村々や人影のまったく見えない耕地が続く。どんなものが作られているのか。日本の水田風景とはまるで違う、実に乾いた起伏の激しい光景が展開する。

フルスピードで突っ走る我々のタクシーも、どういうわけだか、思わぬ所で何回も停止を命じられた。道路を遮断するポールが行く手をさえぎり、警官が立っているのである。そのたびに、アジーが車を止めて、そこの交番みたいな所へすっ飛んで行く。「何事だ?」と聞くと、「いや、なに。金を払ってきたのさ」と言う。つまり、料金徴収所のようなものらしい。ということは、この道路が有料道路ということなのか。確か、このカーブル~マザーリシャリフ間は、ソ連の援助によってできた道路のはずである。しかし、これほど頻繁にチェック・ポイントがあるところをみると、作るのに随分と金がかかったのだろう。あとで調べてみたところ、道路建設の借款を返済するため、幹線道路はすべて有料制になっており、百ないし百五十キロごとに料金所があると記されていた。

ゴラーバンド川沿いにバーミアンを目指す

チャリカルは、ヒンドゥークシュ山脈のサラン峠手前で最も大きい町である。町中《まちなか》を抜けながら、兵士の姿が結構多いことに気づく。

町の北で左へ折れると、そこから先は途端にガタガタの砂利道である。探検らしい気分になるのも、この辺からで、幹線道の分岐点から目ざすバーミアンまでは、ずっとこの砂利道が続く。これが、実はアフガニスタンの中央部を東西に横断する道路なのであり、西はヘラートまで通じているものである。

この道路に沿って、途中いくつもの村が現われては消えて行く。険しい山腹に、まるで積み重なるようにして、家が建っている。車の中から観察すると、面白いことにどの家も厚く高い土壁に囲まれていて、内部の様子が見通せない。しかも、窓のための穴も最小限にしか開けられていないのである。村人の姿は、ほとんど見えない。実に閑散として、閉鎖的である（少なくとも、日本から来たばかりの私にはそう見える）。

いったい、この延々と続く土塀は何のためのものなのか？　時たま、貧相な土壁の家々に混じって、「砦」かと思うような立派な構えの屋敷（サライ）が見える。地主クラスの家なのだろう。普通の村人の家の窓には、ガラスの代わりにビニールが張られているが、そうしたサライはちゃんとガラス入りである。日本じゃ、窓はガラスが当り前で、誰もそんなことなど改めて何とも思わないが、ここらアフガニスタンの田舎では窓にガラスが入ること自体、ごくまれなのである。

こんな道でも、意外とトラックなんかが走っている。昔のキャラバンのようなラクダ隊の姿はどこにもない。今や、荷物を満載したトラックが砂ぼこりを巻き上げて走る時代である。我々のタクシーも、そんなトラックに追いついたら最後、濛々たる砂ぼこりをいやというほど浴びせられる。アジーはしかし、そんなことにはお構いなしに、クラクションをやたら鳴らしてトラックを追い抜いて行く。めったやたらに強引だ。ゴラーバンド川に沿って走る道は、高低も激しければ、カーブも多い。一度は追い越しの途中で、危うくトラックと接触しそうになり、思わず真下を流れる川を見てヒャーッとなる。追い越そうとしたトラックが、なかなか道を譲らなかったからである。

「この馬鹿野郎。どこを見て走ってやがるんだ！」とでも言ってるのか。頭にきたアジーがうしろを振り向きながら、ペルシア語かパシトゥー語のような言葉で怒鳴りつけている。――やれやれ、バーミアンへ着く前に転落事故なんて御免だ！　これじゃ、命がいくつあっても足りない。

途中、大きな村で一人の同乗者があった。アジーに聞くと、バーミアンにあるチャイハナの少年だという。見れば、モンゴル系の顔立ちである。少年はバーミアンまで乗ることになるのだろうが、アジーの方はタクシーの雇い主である私には、何の相談もしない。その村の知り合いの男に頼まれて、気軽に乗せてしまったのである。大金を積んでチャーターした雇い主を無視されるのは、気分のいいものではないが、まあよかろう。大目に見てやれ、と私は思った。

その内面白いことに気づいた。ここいらの住民が、結構ヒッチハイクをやってるということである。村のはずれで、荒野の中で、連中は道ばたに立って、車が来ると手を上げる。アジーもそのたびに車を止め、何事か聞いては首を振り、先を急ぐ。行先が違うのだろう。それにしても、私はアフガニスタンの連中のたくましさに驚嘆せざるを得ない。寒風吹

沿道の大きな村を抜ける

きすさぶ中、男が一人荷を担ぎ、見渡す限り人家一つない荒野の真っ只中をただひたすら黙々と歩いている。何という光景だろう。あの男は、いったいどこへ行こうというのか？

時折、こんな山中の道でも、客を「満載」したバスに出くわすことがある。バスとはいうものの、よくて中古のオンボロバス、ひどいのになると、トラックを改造して一応はバスに仕立てたという代物である。この道筋を専門に走るローカルバスなのだろうが、こんな時期にも沢山走っているのには驚く。だが、実際私が驚き、かつ、たまげたのは、そのバスの屋根に客が一杯座り、それでも乗れない者はドアの外にブラ下がるという、実にすさまじい光景に出くわした時だった。今にも分解してすっ飛びそうなそのオンボロバスは、屋根の上やドアの外側の客には何のお構いもなく、坂道を登っては下り、下ってはまた登るのである。無論、カーブだからといって、スピードを落とすような上品な芸当はしない。

「うへー、あれでよくも落ちねえもんだ！」

これぞアフガニスタンそのものを象徴する光景ではないか、と私は思う。途中でふり落とされでもしたら、この渓谷を走る道のこと。ただではすむまい。でも、アフガンの男のことだ、それぐらいで死ぬような奴がいるとは思えない。

どれくらい走ったことだろうか。我々はついに、このルートの最難関シバル峠にさしかかった。シバル峠は標高三千二百八十五メートル。パルワンとバーミアン両県の県境でもある。いくつものカーブをこなして上へ出ると、頂上一帯はなんと白銀の世界！である。だが、有難いことに雪は道路にまったくなく、空は快晴ときてる。峠を下り始めて間もなく、「ようこそ、バーミアンへ」と英語で記された石碑が道の傍に立っている。バーミアンまで、まだ随分とあるはずなのに、この険しい山の上に外国人旅行者向けに石碑を建ててくれるとは、なかなか気が利いている。

この道をいったい今までどれだけの外国人が通り、バーミアンの谷へ入って行ったのか。――そして、今、自分もついにその入口まで来たんだ。そんな思いが私の胸にこみ上げた。

峠のチャイハナ

最大の難所シバル峠を越えると、さすがベテランのアジーも疲れが出たのか、「旦那、ここらで飯にしましょうや」と言って、麓近くのチャイハナで車を止めた。そこは、まさに茶店という表現がピッタリする所だった。建物はここらの家と同じ箱形で、分厚い土壁が外の寒気を防いでくれる。窓は、ほんの小さなものが申し訳程度に付いてるきりである。

アジーのあとにくっ付いて中に入ると、入口近くの土間には、薪ストーブが暖かそうに燃えていた。そして、近所の村（ここのチャイハナのまわりの山腹に人家が何軒か見えた）の者なのか、男たちが数人、ヒマそうな顔で店のおやじと世間話をしているところであった。中は外の光がほとんど入らず、実にうす暗いが、ストーブのおかげで身も心も暖まる。我々は、奥のじゅうたんを敷いた所に上がり、あぐらをかいて座り込んだ。「あぐら」で座るのが、どうやらアフガニスタンの流儀というものらしい。

食事の前に、バッチャー（使用人）の少年が水差しを持ってきて、まず我々の手に水を注ぎかけてくれる。それで手を洗うと、次は、「これでふけ」と言わんばかりに手拭いのようなものが出されるが、手拭いというよりはまるで「雑巾」なので、思わずギョッとして

シバル峠の手前で

しまう。おそらく一度も洗ったためしなどなさそうな代物である。
ここで出た昼食は、ごく簡単なものだったが、難所を越えた安堵感も手伝って、私の空腹を大いに満たしてくれた。「ナン」と称する平べったいパンに、マトンとジャガイモの煮込み、それに熱いチャイがお盆の上にのせられて出て来る。ただ一つ気になるのは、食器にしろ、お盆にしろ、うす暗くてよくわからないが、何やら黒光りしていることである。
それでも、ここの主人が精一杯、一生懸命に作ってくれ、ストーブのまわりにたむろする村の男たちも私の一挙一動を食い入るように見ているとあれば、文句など言えたものではない。欧米風にしたムスタファホテルとは雲泥の差の食事だが、これぞアフガン料理の真髄には違いない。すきっ腹を抱えていたせいか、「うまい、うまい」と言って食べ出すと、村人たちもうれしそうな顔で見ている。

その内、中にいた兵士のような男が一人、私の着ているものや、はいてる靴に興味を持ち出した。我々のそばに上がり込むと、私のキャラバンシューズを持ち上げ、裏をのぞき込んで「どこの靴だ?」と尋ねる。「もちろん、日本製さ!」と胸を張ると、「ほーう」という声が、男たちの間に起こった。ジャポニ(日本人)など、今まで見たこともない男たちである。うす暗く、粗末なチャイハナ――その中で、今私は「シルクロード」の世界を感じていた。

夕暮れの谷で

峠を下ってしまうと、今度は異様な山塊の谷底を縫って走る道になった。西部劇だったら、インディアンが襲撃して来るような場所である。走りながら、ひょいと道の横を流れる川をのぞいてギョッと驚いた。なんと川全体が凍りついて氷が張っているのだ。「すさまじい所だな!」と、改めて外の寒さにびっくりする。

午後一時半、道が開けた所に出た。どうやら、バーミアン谷の入口にさしかかったらしい。アジーが左手の山上を指さした。「シャハル・イ・ゾハック」（赤い町）の城塞跡である。切り立った険しい崖の上に、城壁や建物らしきものが望まれた。これこそ、バーミアン谷の入口を守った城塞の跡である。

なおもしばらく行くと、道はさらに広々とした谷間の中ほどを走るようになり、並木がずっと両側に続く。そして、右手の岩山の山腹に並木の間を通してポッカリと口を開けた穴がいくつも見えてきた。これこそ、「ミン・オイ」（千仏洞）と呼ばれる石窟寺院群に違いない。黄色い岩肌にハチの巣のように開けられた、その穴が次第に数を増す。――バーミアンに、とうとう私は来たのである。

大仏が見えたのは、その時である。「おお、大仏だ！」思わずそう叫んで、私はタクシーの中から目を凝らした。ついに、右手の岩壁に大仏が出現したのである。あんまり有頂天に喜ぶ私を見て、さすがにアジーもあきれたのか、「旦那、ありゃあ、まだ小さい方ですぜ」と教える。すると、今見えたのは「小大仏」の方だったのか。（有名なバーミアンの大仏は大、小二体あって、大きい方は四～五世紀に、小さい方は三～七世紀につくられたものだといわれている）。

車は、両側に家の建ち並ぶ村の中に走り込んだ。バーミアン村である。アジーは村の中ほどにある「コウチホテル」（「コウチ」は「遊牧民」の意）という看板のかかった所に車を乗り入れた。カーブル出発から六時間後のことであった。

車から降りて、うしろを振り返ると、大きい方の大仏がちょうど宿の背後にそびえていた。コウチホテルは、大仏を見物しようという私にとって、まさに絶好の場所にあった。車の音を聞きつけて、ここのおやじが現われた。人の良さそうな男である。「サラーム！」とあいさつを交わし、「泊まりはいくらだ？」と聞いてみる。すると、おやじはアジーの方に何言かしゃべっている。どうやら、英語がだめらしい。「泊まり代が二百アフガニで、ベンジン（暖房用ストーブの油）代が五十アフガニの計二百五十アフガニ（千三百七十五円）だ」と、アジーが通訳する。

「二百五十アフだと！　冗談言うな。カーブルのムスタファホテルでさえ八十アフなんだぞ！」

どう見渡したところで、泊まり客の人影一つない、ここの泊まり代がカーブルの三倍以上と聞いて、私はあっけにとられた。何せ、今はこの真冬時とあって、観光客の姿などありゃしない。

「二百にまけろよ」と私が言う。

「だけどね、旦那。ここいらは、夏のシーズン時じゃ五百から六百アフガニが相場なんですぜ」と、アジーがおやじを弁護する。

「まあ、とにかく部屋を見せてもらおうじゃないか」と、中を下見する。こんな所でも欧米風にしてあるのは、それだけ外国人客も多いからか。寝床は分厚い布団のベッドが二台。夜の明かりはランプときた。トイレは一応、水洗式の欧米スタイル(!)である。ところが、おやじの説明だと、「装置が故障中で水が出ないから、水道からあらかじめバケツにくんどいたものですましてくれ」とのこと。ためしに、水道をひねってみたが、チョロチョロと出る程度で、まったく頼りない。結局、格好だけは欧米風に仕立てたが、実際はまったく原始的な処理に頼っているのだから、お笑いもいいところである。それでも、部屋の中は暖かそうだし、カギもかかる。宿としては、まずまずである。

表に出て、再度値引交渉を試みるが、結局二百三十アフガニ(千二百六十五円)にしかならない。ひでえ所だ。こんな山中の寒村へ来て、二百三十アフもの泊まり代を払わせられるとは。あとで、ムスタファホテルのアリフに聞いたところ、夏のシーズン時にはエールフランスの旅客機がパリから連日観光客をカーブルに運び込んでいるそうだ。大方、そんな連中がこの山の中へ繰り込み、大金を落として行くのだろう。バーミアンは予想以上に観光地化している。悲しいことだ。

さて、夕方までは、まだたっぷり間がある。早速、カメラを引っつかんで外へ飛び出した。さっきから、早く大仏の所に駆けつけたくて胸がわくわくしていたところだ。

通りに出ると、トラックが砂ぼこりを巻き上げて行き交う。ここから道をさらに西へ行けば、あの有名な青く澄んだ湖「バンディ・アミール」を経て、ヘラートへ達する。つまり、バーミアンはヘラートを経由して、イランにも通じているのである。また、その昔中国からタリム盆地のオアシス都市を経てアフガニスタン北部のバルクやクンドゥズに達した交通路は、ヒンドゥークシュ山脈を越えてバーミアンに至り、さらにインドへ向かったという。バーミアンが「文明の十字路」といわれる理由も、そこにある。一見、山の中の寒村とも見えるこの集落で、かつて巨大な石仏がつくられ、山上に堅固な城塞が築かれたりしたことも、考えてみれば不思議ではない。

七世紀、唐の高僧玄奘《げんじょう》は、長安から天山南路の北道を経てインドに赴く途中、このバーミアンに立ち寄って、大仏を見ている。当時、玄奘はバーミアンを「梵衍那国」と記し、その頃の様子を『大唐西域記』の中で次のように書いている。

梵衍那国は東西二千余里、南北三百余里で、雪山の中にある。人は山や谷を利用し、その地勢のままに住居している。国の大都城は崖に拠り谷に跨がっている。長さは六、七里あり、北は高い岩山を背にしている。宿麦《むぎ》はあるが、花・果は少ない。牧畜によく羊・馬が多い。気候は寒烈であり、風俗は剛獷《やばん》である。皮や褐《けおり》を着るものが多いのも、ちょうど合っている。文字・教化と貨幣の用法は覩貨邏《トカラ》国と同じである。言語は少しく異なるが、儀貌《しなかたち》はおおむね同じである。信仰に諄《あつ》い心はことに隣国より甚だしい。上は三宝より下は百神に至るまで真心をいたさないことはなく、心を尽して敬っている。商人の往来するものにも、天神は徴祥《しるし》をあらわし、崇変《たたり》を示し、福徳を求めさせる。伽藍は数十ヵ所、僧徒は数千人で、小乗の説出世部を学習している。（玄奘『大唐西域記』水谷真成訳、平凡社）

しかし、この谷間における仏教の繁栄も、こののちイスラム教徒たちの侵入によって失われてしまう。そして、十三世紀初めには中央アジアから興ったホラズム帝国の勢力が伸びて、皇帝ムハンマドの皇子ジャラール・ウッ・ディーンの所領となった。ところが、それも束の間、チンギス・カンの隊商をムハンマドが虐殺したオトラル事件に端を発して、ホラズム帝国は怒濤のようなモンゴル軍の攻撃を受けることになる。ここバーミアンがモンゴル軍の侵入を受けたのは、一二二一年のことであった。この時、ヒンドゥークシュ山脈を越えたチンギス・カンはバーミアン城塞の前面に包囲陣を布いたが、たまたま息子チャガタイの一子ムトゥゲンがこの要塞の正面で矢に当たって戦死を遂げた。チンギス・カンは深く寵愛していた孫の死に激怒すると、攻撃部隊に対し、一人の生命も助けず、また一物たりとも鹵獲《ろかく》するなと命じた。こうして、モンゴルの軍勢は城塞を強襲してこれを徹底的に破壊し、すべての住民を殺したのであった。今も、谷間に不気味な姿をさらすシャル・イ・ゴルゴラ（「嗚咽の町」の意という）の丘がその跡だといわれている。私は翌日、その丘に登ってみるつもりだった。

村を抜けると、大仏のある岩壁はもう目の前だった。高さ五十五メートルといわれるその大仏は、黄色い岩壁の中に静かに立ちつくしていた。村の裏手にあたるそこからは、険しい岩壁に開いた無数の黒い穴が、ずっと東から西へと続いているのが一望に見渡せた。最近の調査によれば、この崖面に残る石窟の数は約七百五十だという。さらに、この他にもバーミアン盆地東縁のカクラク谷に約百、同じく西縁のフォラディ谷に五十の石窟が存在するといわれる。中国タリム盆地の敦煌千仏洞には約五百の石窟があるから、バーミ

バーミアンの西(大)大仏

アンのそれは敦煌のほぼ二倍に近い。

「ミン・オイ」(「千の家」の意)は、中央アジアにおけるこうした石窟寺院の集合遺跡を呼ぶ東部トルコ語の現地名称だとされる。中国天山南路の北道に多く、クチャ周辺のキジル、クムトゥラ、カラシャール付近のシクチン、トゥルファン付近のベゼクリク、ムルトゥック、センギム・アギス、トユクなどの遺跡がそうだといわれる。いずれも荒寥たる峡谷の断崖絶壁に蜂の巣状に大小の石窟が掘られ、時にはそれらが回廊でつながれている。そして、眼下には川が流れ、緑も見えるオアシスの光景を呈するのが常だという。

　それなら、まさにアフガニスタンのバーミアンもその例にもれない。こうしたミン・オイは、インドのアジャンタからここバーミアン、さらには

大仏の足元に組まれている足場
（インド調査隊のもの）

中央アジアを経て敦煌、雲崗、竜門へと受け継がれたが、それはそのまま千仏洞の東伝の歴史ともなっている。

しかし、考えてもみよ。このバーミアンには大仏や石窟など、これらとてつもなく膨大なものを創造した人間たちの姿も、七世紀に訪れた玄奘が数千人もいると言った僧たちの姿も、今やまったくないのである。小さな極東の島国から来た私にとって、これは実に圧倒されんばかりの巨大な景観である。にもかかわらず、あまりに閑散として、荒廃し尽くした今のこの様はやはり異様としか言いようがない。大仏のそびえる岩壁を目のあたりに見た私の第一印象は、そんなものだった。

大仏に向かって歩き出すと、その大仏の足元を今しも羊の群れを連れて通り過ぎる遊牧民の姿が目に入った。彼らにとって、自分たちのそばにそびえ立つ巨大な仏像は何を意味するのか。今やまったく回教圏の中に忘れ去られてしまったかのような一大仏教遺跡は、日本人である私にこそ身近なものだが、唯一神アッラーを信ずるアフガニスタンの人々にとっては、ただ単に異教徒（カフィール）の作った巨大な偶像の「残骸」にしか過ぎないのだ。近づくと、前に写真で見たとおり、足や手には破壊を受けた跡がはっきりと残り、見上げると、顔面は無残にも削り取られて空しく彼方を見やっていた。

しかし、私はその足元に立った時、なぜか思わず帽子を取り、合掌していたのである。どうして、そんな気持ちになったのか。日頃まったく不信心だった私が、この遠いアフガニスタンのヒンドゥークシュ山中に来て、なぜか思わずそうせずにはいられなかったのである。あまりに痛ましい大仏の姿に打たれたのか、それとも、仏教徒が去ってから一千年以上もこの地に一人立ち、人間どものつまらぬ日々の明け暮れを黙って見守ってきた、その孤独な姿に感動したからだろうか。ともあれ、ここへきて初めて、私は自分が仏教徒であることを「再認識」したのだった。

大きい方の仏像には、修理のためか、それとも調査のためのものなのか、大きな足場が組まれている。あとで知ったことだが、これはインド調査隊による修復保存作業用のものだった。下から見上げると、とにかく「でっけえなあ！」という声が思わず口をついて出た。私の背は、せいぜい大仏のかかとぐらいしかない。くり抜かれた岩壁の内側には、今でも彩色を施された壁画が一部残っている。はっきりとはわからないが、かつてはそれら

バーミアン最大の坐仏を収めた仏龕《ぶつがん》（H洞）

のカラフルな壁画が大仏の周囲を飾っていたのだろう。大仏の表面には小さな穴が無数に開けられているが、これはかつてここに木杭を打ち、縄をからげて衣文をストゥッコ（漆喰）で表した跡だといわれている。

ここからさらに東へ岩壁に沿って歩くと、三十八メートルの高さを有する小さい方の大仏にたどり着く。ちょうど夕陽が斜めに当たって、その美しい姿をさらにいっそう際立たせていた。五十五メートルの大仏より、こちらの方が流麗な衣文がくっきりと残り、やはり顔面は削られているものの、思わずその美しさには心を打たれるものがあった。こちらの岩壁にも同様にきれいな壁画が残存している。そして、仏像の上にはかつて彩色が施されていた名残りのような

E洞の坐仏龕（中央上）

ものも一部見受けられ、もしもこれらの大仏が玄奘の訪れた頃のままに何の破壊も受けず残っていたとしたら、どんなにかすばらしいものだったろうと思われた。惜しいことである。玄奘は、大仏のことを次のように記している。

王城の東北の山の阿《くま》に立仏の石像の高さ百四、五十尺のものがある。金色にかがやき、宝飾がきらきらしている。東に伽藍がある。この国の先の王が建てたものである。伽藍の東に鍮石《とうせき》の釈迦仏の立像の高さ百尺余のものがある。身を部分に分けて別に鋳造し、合わせてできあがっている。（玄奘『大唐西域記』水谷真成訳、平凡社）

かつてこの仏像を金泊がおおい、今のように夕陽を受けて、金色に光り輝いていたのだろうか。それにしても、この巨大な大仏はどうだ。これだけのものをこの谷間につくったのは、いったい誰なのか？　不思議なことだが、それは未だに謎に包まれたままである。

しかし、とてつもなく膨大な経済力と、労働力を動員できる強大な支配権力が背景にあっ

東の（小）大仏を下から見上げる

たことは事実だろう。

注目されるのは、インドで生まれた仏教がこのアフガニスタンのバーミアンへ来て、初めて大仏を出現させたことである。初期の頃、仏教には仏像というものが存在しなかった。その後、一世紀の末にインダス川上流のガンダーラや中インドのマトゥーラで仏像が制作されると、急速にその影響が仏教世界に広まっていった。つまり、それまでの仏塔（ストゥーパ）崇拝が仏像崇拝へと変化し、ついにここバーミアンに至って巨大な大仏を生んだのである。これは仏教史上、実に大きな変化だった。バーミアンを契機として、そのあとソ連領西トルキスタンのアズィナ・テペ、中国の敦煌や雲崗、日本の奈良東大寺へと、大仏建立の志向は伝播されていくのである。

おそらく、この大仏のうわさは街道を往来する商人、

（小）大仏の下で

（小）大仏の下部

東大仏の前で。奥は西大仏に続く岩壁

旅人の口から口へと遠い国々まで伝わったことだろう。だが、今やここに仏教徒の姿はない。大仏は、これからも孤独な姿をさらして、このヒンドゥークシュの谷間に立ち続けることになるのだろうか。玄奘が訪ねた時とはあまりにも状況が変わった今を思うと、なぜか悲しい気持ちになる。気がつくと、すでに陽は向かいの山に沈んでしまい、シャル・イ・ゴルゴラの丘（十二世紀にイスラム系のシャンシャバニイ王家の都城であったが、十三世紀初め、ホラズム・シャーに占拠され、一二二一年にはチンギス・カンの侵攻によって完全に破壊された所＝前述）も不気味な黒い姿を横たえている。岩肌にポッカリと口を開けた洞窟のそばを通ると、暗がりの中から今にも何かが出てきそうだ。陽が沈んだあとの廃墟ほど気味の悪いものはない。宿への道をトボトボ行くと、遠くの方で犬と遊び回る子ども達の叫び声が、そばの岩壁にこだましてびっくりするくらい近くに聞こえてくる。その内、ハァハァとなぜか息が切れてきた。考えてみれば無理もない。ここは標高二千五百メートル――私は、その高さを忘れていたようだ。

クリスマスイブの夜に……

宿に帰ると、ここの息子が私の部屋の隣に今夜フランス人の客が泊まることになったと告げた。そのお客は今、宿のチャイハナで休んでるという。

「どんな客だろう?」と思い、夕食をとりがてら、チャイハナへ出かけてみた。ここのチャイハナはゲストルーム(客間)ともいうべきもので、客が寝るまでの時間を食事したり、チャイを飲んだり、世間話をしたりして過ごすのである。

戸を開けて中へ入ると、中央に置かれた薪ストーブを囲むようにして、男が三人ばかりボソボソと何ごとかしゃべっていた。下にはじゅうたんが敷かれていて、私も奥へ上がって、あぐらをかいて座る。ここの明かりはうす暗いランプだけで、三人の男達の顔はあまりよくわからないが、中の一人は確かに息子が言ってたようにフランス人のようだ。

「旦那、どっちまで行ってたんで――?」

そう尋ねた声の主はアジーだった。到着以来、ずっとこの暖かい部屋で休んでいたものとみえる。

「裏の大仏さ。時間があったから、随分沢山見てきたよ」と言うと、アジーもなるほどという顔である。わかったような顔はしているが、なんで外国人があんな奇怪なものに夢中になるのか、首をひねりたくなるのが本心だろう。

「――ところで、あなたはどこから来られたんですか？」

初めて、私はそのフランス人らしい客に声をかけてみた。

「フランス」と、その人物は小さく答えたが、意外にもそれは女の声だった。これは驚いた。外国人など一人もいないと思っていたこの谷に、ひょこっと突然にフランス人女性が現われたのである。しかし、これはどう見ても男の格好だ。下はジーパンにブーツ、頭の方はすっぽり毛糸の帽子を深くかぶっているから、私がうす暗いチャイハナの中で男だと思ったのも無理はない。

色々聞いてみると、どうもパリの南、リヨンの近くに家があるらしい。今は、映画の仕事をしている夫と共に、このアフガニスタンへ来てるのだという。

「旦那さんは――？」と聞くと、「今、カーブルにいます」と言う。恐れ入ったものだ。年の頃は三十いくつなんだろうが、こんな山の中へ、女一人泊まりがけでやって来るとはいい度胸だ。しかも、彼女、私のような大名旅行とは違い、例のオンボロ満員ローカルバスで来たのだという。へーえ、こりゃあ参った。さすがの私もあきれてしまった。フランス女も結構強いのである。

それにしても、うす暗いランプだけのチャイハナでは、彼女も随分心細かったことだろう。私が七一年にフランス国内を旅した頃の思い出を話すと、それまで固い表情をしていたマダムも、うちとけて話してくれるようになった。何せ、私が来るまでの間ずっと、このうす暗いチャイハナに運転手のアジーや土地の旅行者二人と一緒にいたのだから――。

私達は、暖かいストーブに身も心もポカポカしながら、フランスの映画スターや最近の映画のことを語り合った。考えてみると、今夜はクリスマスイブだ。日本じゃ、いつも今頃は何をしてたんだろう。今夜はこのアフガニスタン、ヒンドゥークシュの深い谷間で、ランプの明かりの下、フランスのマダムとチャイを飲みながら過ごしている。しかも、マダムの部屋は私の隣だ。……こんな山の中では、そんなことだけでも私の気持ちを楽しくさせる。

ところが、私達の楽しい語らいも、アジーの時たま発するつまらぬ質問でじゃまされる。

「マダム、あんたはいくつなんだね?」

「子どもはいるのかい?」

「――なに。いないって?　どうしてだい?　できなかったのかい?」

これにはマダムも沈黙したままだ。随分ぶしつけなことを聞く奴だ。せっかく、我々二人がいい気分になって話をしてるのに。

アジーの妨害は、それだけではなかった。

「あんた、北のマザーリシャリフへは行かんのかね？」と、例によってマダムにもサラン峠～マザーリシャリフ行きの話をもちかける。まったく商魂たくましい男である。しかし、その態度にはどうも商魂以上のものが感じられた。アジーがこれだけしつこいところをみると、狙いが商売だけでないことは確かである。私も男だから、そんなことはピンときた。雇い主の私をさしおいて、マダムに対する好奇心をあからさまに出すあたり、どうもいやな予感がしてならない。――今夜は、ひょっとすると、マダムをめぐってアジーとひと騒ぎ起こすことになるかも知れない。

ひとしきり話をしたあと、マダムは「もう遅くなったから、私、眠ろうかしら――」と言って、立ち上がった。

「そんなら、僕も寝るとしよう」

マダムが出たあと、野郎ばっかしのチャイハナにいたって、しょうがない。私も、マダムのあとに続いて外へ出る。外は真っ暗闇（もちろん、電灯などありはしないのだ）だった。

「あなた、先が見えて？　私、とても見えないわ」

マダムの心細い声が目の前でした。

「オーケイ、大丈夫。僕には見えますよ。任しときなさい」女性に頼まれちゃ、私も弱い。我々の部屋へは、チャイハナを出て、広い中庭を突っ切らなければ行けない。マダムがか細い声を出したのも無理はない。

私はとっさに暗闇の中で彼女の手を握りしめた。心のときめきを感じる一瞬であった。マダムの手を引いて部屋の前まで来たが、明かりがないため、なかなかドアのカギを開けることができない。カギ穴をガチャガチャやってると、うしろから誰かランプを下げて近づいて来る者がいる。

「――大丈夫ですかい、あんた方？」

そういう声は、こともあろうに、あのアジーである。奴め、いったいどういうつもりなのか。またしても、我々のロマンチックな気分をぶち壊しに来たのか。カギが開いて、マダムが部屋に入ろうとすると、そのアジーがすかさず明かりを持って中にすべり込もうとした。

「お願いだ、マダム。あっしは今夜寝る所がないんだ。頼むから、ここで寝かせてくれ」とアジー。

「オー、冗談じゃありません。早く出てってちょうだい！」

と、マダム。

アジーの奴、図々しくも、マダムの部屋に押し入ろうという魂胆だったのだ。しかし、さすがはこんな山の中へ一人で出かけてきたマダムだ。二、三回押し問答したあげく、結局、アジーを外へおっぽり出してしまった。

そのあとで、マダムは私の部屋の入口へ来て、こう言ったものだ。

「もし、あの男が今夜私の部屋に入ろうとしたら、私は思いきり叫ぶつもりよ。その時は、きっと助けて下さるわね」と……。

【補注】

国立カーブル博物館

一九五四年にアフガンを旅した岩村忍氏も同館を訪れ、「博物館は町からだいぶ離れた大蔵省の建物の近所にある。かなり大きな古風な——明治時代の洋館のような——建物である。兵隊がひとり立っているきりで入場料もとらない。見物人などひとりもいない」と記している（同氏著『アフガニスタン紀行』社会思想社、一九七八年）。

確かに私が行った時も、他の客はいなかったように思う。仏教時代の遺物と民俗的な資料を中心としていたが、ソ連軍侵攻以降の内戦によって破壊・略奪を受けた。

サラン峠とサラン・トンネル

私が何気なく通り過ぎたチャリカル郊外のバグラム空軍基地は、ソ連軍侵攻作戦の大きな基地として使われた。また、チャリカルからバーミアン方面へ左折しないで北へ向かうと、サラン峠がある。ここはアフガニスタンを南北に分けるヒンドゥークシュ山脈の峠で、首都カーブルと北部のマザーリシャリフ方面を結ぶ交通の要衝だった。この峠の下(標高約三三〇〇m)に一九六〇年代、ソ連が長さ約三キロのトンネルを建設した。ソ連軍のアフガン駐留時代、補給物資の四分の三がこのトンネルを抜けてカーブル方面へ運ばれた。当然、峠付近ではムジャヒディン(イスラム・ゲリラ)たちの待ち伏せ攻撃を受け、激戦が繰り返された。ソ連軍撤退後には、タリバンと北部同盟の戦場となった。峠東方のパンジシール渓谷はゲリラの伝説的司令官マスードの拠点として知られ、たびたびソ連軍の攻撃を撃退したことで有名である(三野正洋『わかりやすいアフガニスタン戦争』光人社、一九九八年。及びロドリク・ブレースウェート『アフガン侵攻　1979—89』白水社、二〇一三年)。

玄奘が通った道

私がチャリカルの北で左折し、ゴラーバンド川沿いにシバル峠を越えてバーミアンに至った道は、前田耕作氏によると、北からヒンドゥークシュ山脈を越えてバーミアンにたどり着いた玄奘が、その後「迦畢試国《カーピシー》」に向けて辿った道筋だという。玄奘はそこから南東のジャララバードを経て、インドに向かっている（同氏著『玄奘三蔵、シルクロードを行く』岩波書店、二〇一〇年）。迦畢試国の王城跡はチャリカル東方のベグラム遺跡にあたり、パンジシール川とゴラーバンド川の合流点南側の台地に位置する。この地の出土品は「ベグラム遺宝」として知られる（『黄金のアフガニスタン』産経新聞社、二〇一六年）。

バーミアンの大涅槃像

『大唐西域記』にはバーミアンの東西大仏の他に、大涅槃像の存在についても記している。

城の東二、三里の伽藍の中に仏の入涅槃の長さ千余尺ある臥像がある。この国の王はここに無遮大会《むしゃだいえ》を設けるごとに、上は妻子より下は国家の珍宝に至るまで［寄捨し］、役所の倉庫が空になるとさらに自分の身をば布施する。役人の上から下までのものたちは金品を出して僧から買いもどす。このようなことをば自分たちのつとめと考えているのである。

この記述が事実なら、約二三〇mもの長さの涅槃像が存在したことになるが、長さについては、おそらく宮治昭氏が指摘するように何らかの錯誤であろう（「総論　中央アジアの仏教美術」『アジア仏教美術論集　中央アジアⅠ』中央公論美術出版、二〇一七年）。この国の王はそこで無遮大会（男女・貴賤・道俗などの区別なく、財施・布施を行う法会《ほうえ》のこと）を設けたという。それはともかく、ここに記す涅槃像はその所在も含め、謎のままだったが、その実在が確認されたのは近年のことである。大仏破壊後、東大仏の南東に残る仏塔（ストゥーパ）の残骸周囲を発掘したゼマルヤライ・タルズィー（元アフガニスタン考古局長）は、『大唐西域記』が記した可能性の高い伽藍遺構と涅槃像（全長一五mと推定）の残部を見出している。詳細はタルズィーの中間報告（「バーミヤーン東方伽藍の調査成果」前掲書所収）を参照。

五　吹雪の谷からの脱出

猛吹雪

バーミアンの一夜が明けた。寝床の中からたった一つしかない窓に目をやると、何やら外がいやに明るい感じである。それに、異常な寒さだ。北陸で育った私には、すぐに一種の予感がした。まさかとは思いながら、恐る恐る窓に近づき、カーテンのすきまから外を見れば、なんと予想が的中——外は真っ白の雪ではないか！

ひょいと、ホテルの裏、大仏のある岩壁を見ると、その岩壁すら吹雪のため、ようやく一部が見え隠れするという有様である。——なんてこった！　クリスマスイブの昨夜、私が寝たあとで、このバーミアン谷は一晩で雪におおわれてしまったのだ。きょうはシャル・イ・ゴルゴラの丘へ登ったり、大仏のある岩壁をもっとゆっくり見物する予定にしていたが、それどころではない。これはえらいことになった。とにかく、大急ぎで身仕度をすます。

ドアを開けて外へ出ると、キャラバンシューズがすっぽり隠れるほど、もう地面の上には雪が積もっている。しかも、ひどい吹雪である。大仏は？——と見れば、白い雪を身に受けて、まるで村の地蔵さんが綿帽子を被ったような格好をしている。

「ミスター、こっちへ入りなさい」

宿の息子が、雪の中に立つ私に声をかけた。宿の入口にある主《あるじ》の部屋へ案内される。中はストーブが燃えていて暖かく、ここのおやじが二、三人の村人と話をしてるところだった。

「おはよう」と声をかけたのは、ゆうべのマダムである。いつから来ていたのか、もう身仕度を整え、ストーブのそばで悠々本などを広げている。だいぶ構え方が私とは違う。私の方は、雪が心配でならない。まず、この積雪と今の吹雪の具合では、きょう一杯降り続けるかも知れない。とても、シャル・イ・ゴルゴラに登ることなど、できそうにない。それよりも心配なのは、あのシバル峠の閉鎖である。雪がひどく、車の通行も危険となれば、峠道が閉鎖されることがある。そうなったら最後、私は当分の間この谷に閉じ込められることになる。マダムと二人それもいいが、そんなことではいつ出られるか、わかったもんじゃない。——どうしたらいいのか？　外を見ながら、私は自問自答を繰り返す。

マダムの方は、そんな心配もないのか、相変わらず読書にふけっている。たいした女だ。

一緒に朝食をとりながら雪の話をしても、「外はこんなだし、きょうは中で食べているだけかもね」と笑う。

そこへ、アジーが現われ、「旦那、きょうはどうするんで――?」と聞く。無理もない。この雪を見て、アジーも心配になったんだろう。

「車は走れるかな?」と聞くと、「そうさな。まあ、これくらいなら、まだ行けると思いますぜ」と言う。運ちゃんが、そう言うなら、なんとかなりそうだ。これで、私の心は決まった。

「よし、それじゃ今から予定変更だ。きょう中にカーブルまで帰るんだ」

シャル・イ・ゴルゴラにも登れぬのに、ここに一日いて雪の降り積もるのを見物してたんじゃ、本当にバーミアン谷に閉じ込められちまう。そんなことになったら、アフガニスタン探検全体の計画がおじゃんだ。ここはひとつ、未練を断ってカーブルまで戻ろう。今の状況では、それが一番ベターではないか。

「旦那、あっしの方はどっちでもいいんですぜ。きょう中に帰ろうが、明日帰ろうが、あっしにとっちゃ同じなんだから」

アジーの奴、何かにつけてその「同じ」を強調する。つまり予定が繰り上がっても、約束の金は間違いなくもらおうという腹なのだ。まったく抜け目のない男だ。奴さん、その上に、今度はその金の支払いの心配までしてくれた。私が七十ドル分のアフガニスタンの現金を持たないと知るや、「それじゃ、なんですかい。夕方帰っても銀行は閉まってて、旦那はドルを両替できない。あっしにいただく金はどうなるんで――?」と不満をブチまけ、今度はここの銀行に案内すると言い出した。驚いたことに、こんな山の中にも銀行があったのである。そこには、英語の代わりにドイツ語を(!)私以上にペラペラしゃべるじいさんがいた。ここで、私は今後の分も含めて小切手九十ドルをアフガニに両替してもらった。外はなおも雪が降り続いている。私はその「大金」を大事に懐にしまうと、アジーの車でいったん宿まで戻った。

宿のおやじは心配そうに「この分だと、多分峠は閉鎖されてるはずだ」と話す。だが、決断した以上、あとへは引けない。もし、そうだったら、車はそこで捨てて、歩いてでも越えてやろうか。私は、本気でそんなことを考えていた。

アジーは早速、車のタイヤにチェーンを取り付け、準備にかかった。

「ねえ、旦那。ゆうべはマダムとうまくやったんでしょう?」

リュックを積み込む私に、アジーがしつこく昨夜の一件を聞こうとする。まったく、うるさい男だ。それにしても、今朝出発することにしてよかったと、私は思う。もう一晩泊まっていたら、きっとアジーの奴とマダムをめぐってバーミアンの谷に血の雨(?)を降らせることになったかも知れない。

十時四十五分。私は宿のおやじと息子に別れを告げて、車に乗り込んだ。雪はなおも激しく降りしきる。さあ、バーミアン谷からの脱出だ！ シバル峠が閉鎖される前に、ここを突破して、なんとかカーブルまでたどり着かなくては——。

車は、雪煙を蹴立てて、村の通りへ出た。この雪に、人影もまばらである。マダムはどうしてるだろう？ 走りながら、通りに目を凝らすが、マダムの姿はどこにも見えない。ひと言、別れを告げたかったのだが……。

車は村のはずれにさしかかった。思わず左手の大仏の方角を振り返って見たが、無情な雪はその岩壁の輪郭だけをのぞかせたにすぎない。

「グッバイ、マダム。グッバイ、ブッダ(大仏)！」

私は心の中でそう叫んで、バーミアンに別れを告げた。道は心配した通り、かなりの積雪だった。我々の前には、車の通った跡がわずかに一本あるきりである。チェーンを付けていても、この雪道ではどうしても滑ってしまう。まったく命がけだ。アジーの方も、こうなったら必死の運転である。私の方は、「アッラーよ、我々にお力を！」と、祈るだけだ。

しばらくして、ようやく難関シバル峠の手前の麓にたどり着いた。ここのチャイハナで、しばらくストーブの火にあたり休憩。何台かのトラックが、やはりここで吹雪を避けて待機中である。幸いなことに、ここまで来て、太陽が顔をのぞかせ、あのひどい吹雪がうそのようにやんでしまった。

有難い、行くなら今のうちだ！　おかげで、我々は頂上が純白の雪におおわれたシバル峠を一気に乗り越えた。「アッラー・アクバル！（アッラーは偉大なり）」これも、アッラーのお力なのだろうか。峠を下って麓に出ると、道路の上にいくつも石が並べて置いてある。やはり、カーブル方面からの通行は遮断されていたのだ。やれやれ、危ないところだった。──我々は、間一髪のところで、バーミアン谷を脱出したのである。

昼食にしては遅すぎたが、我々はシバル峠とチャリカルの中間にある大きな村で車を止め、食事をとることにした。ドライブ・インのように、トラックが二、三台横に止められたチャイハナである。

中から愛想のいい男が出て来て、「さあさあ、どうぞ」と我々を招き入れる。中は客が一杯で、実ににぎやかだ。みんなの目が、突然入り込んだ外国人に注がれる。メニューは、このルートおなじみのナーン（パン）にミートソース、ショルバ（スープ）という内容。何よ

凍てつく峠道

りも暖かいショルバが腹にこたえて、うまい。その上、あのシバル峠を無事突破できたという安堵感があるから、もう感慨無量である。

雪は、今もあのバーミアン谷に降り続けているのだろうか……。私の思いは、一晩しか過ごせなかったバーミアン谷に飛ぶ。私が写真を撮って回ったその晩に、雪があの谷全部を包み込んでしまった。まるで、私が遠い日本からあの大仏の写真を撮りに来るのを待っていたかのように。考えてみれば、それは「幸運」以外の何物でもない。もしカーブルでアジーに出会い、そしてすぐに行こうと決断していなかったら、そのたった一日の遅れで、私は閉鎖されたシバル峠の下まで来て、地団駄踏むことになっただろう。——その意味でも、私は自分の幸運に感謝しなければならない。そして、アッラーの神にも……。

シバル峠の手前でようやく吹雪は止んだ

我々の車が、カーブルの市街にすべり込んだのは、すっかり日が暮れてからである。どうやら、無事に帰り着いたようだ。ムスタファホテルの前に車を止め、アジーに約束の残金七十ドルを手渡す。懐かしい古巣に帰ったような気分である。ホテルに入ると、例によって、アリフや他の顔なじみの連中がストーブを囲んでいる。熱いチャイをすすりながら、彼らとバーミアンの話をやり、そしてアリフ自慢のラジオカセットでアフガン音楽を心ゆくまで聞いていると、この二日間のスリルに満ちた冒険が夢のようである。不思議なもので、今頃になって、旅をする楽しさみたいなものが、心の中に沁みわたってくるのであった。カーテンの間から外を見れば、夜のふけたシャリナウの通りに人影はなく、ただ雪だけが白く光っていた。

カンダハル行きの切符

十二月二十六日㈮。昨夜は、かなり雪が降ったようで、朝はだいぶ冷え込みがあった。しかし、きのうはアフガニスタン入国以来初めての暖かいシャワーを浴びたおかげでぐっすり眠り、体力も若干は回復したようである。

きょうは、明日からの南方ルート出発を前にして、カンダハル行きのバスの切符を手に入れねばならない。ホテルで朝食をすませ、アリフにバス会社の場所を教えてもらう。彼の話によると、バス会社はアフガニスタンに山とあるが「カデリバス」が一番いいそうだ。場所はブルーモスクの近くだという。

歩道は昨夜の雪が凍りつき、歩くたびにバリバリ音を立てる。ブルーモスクはシャリナウ（新市街）から川を隔てた反対側、旧市街の中にある。途中、ここへ来て初めてカーブルの昔ながらのバザール（市場）を抜けた。それほど広くもない道の両側に屋台がズラリと軒を並べて、売り子が威勢のいい声を張り上げている。真ん中の道は雪がとけはじめて、泥んこのぬかるみ。そこを荷物を背負ったロバや、ズダ袋を背負った男達、ベールで顔を隠した女達が、みんな肩をぶつけながら歩くという、すごい人混みである。あんまりキョ

山腹に重なり建つ家々

ロキョロしてばかりいると、うしろから来たロバにけとばされそうになるくらい、人も動物も、泥んこの中をまるで渾然一体となって歩いている。これぞまさしく、古きシルクロードの世界である。
　衣類なども結構売られてはいるが、派手な色を散らかしたその屋台の前をロバが泥をはねながら通り過ぎるようでは、とても落ち着いて品物を物色する気にはなれない。おかげで、そのバザールを通り抜けたら、キャラバンシューズもズボンも、まったく泥まみれという有様である。いやはや、これはひどい所だ。考えてみると、私にとっては一九七一年に歩いたシリア・アレッポの古びた屋根付きバザールの方がなつかしい。
　カデリバスの事務所は、アリフの教えてくれたとおり、ブルーモスクのそばにあった。この国随一の

川岸のバザール風景

バス会社だというから、さぞ立派な所だろうと想像していたら、とんでもない。さがし当ててみたら、モスクの裏通りに面したバタバタの建物の二階である。そこの奥まった一室が、カデリバスの事務所だった。ドアを押して入ったその部屋には、古くさいストーブと机が一つ。椅子も数えるくらいしかなく、壁にバスの写真がなかったら、てっきり入る所を間違えたと思ったに違いない。

係員はと言えば、中にじいさんが一人いるっきり。おまけに、このじいさん、ペルシア語とパシトゥー語しか話せないときた。困り果ててると「その内、英語をしゃべる男が来るから待ってろ」と言う。

その男を待つ間、ストーブにあたりながら、言葉のまったく通じないはずのじいさんが、私に身ぶり手まねで色々話しかける。

「あんた、一人で旅してるのか？」

「そうだよ」

「ジャポニからここまで、どうやって来たんだ？」

「ジャポニからデリーを通って、カーブルまで飛行機だよ」

「おお、そうかい。——で、カーブルからどっちまで行くんだ？」

「カンダハルとヘラートさ」

「お前さん、宗教は何だね？」

「仏教徒だよ」

「そうかい、わしゃ回教徒じゃよ」

……てな、具合である。若干の単語さえ知っていれば、あとはジェスチャーで結構話は通じるものだ。

壁にあるバスの写真を指さして「カデリのバスは、どこの国のもんだい？」と尋ねると、みんなドイツのベンツとのことだった。そこで、試しに聞いてみたのだが、残念なことに日本製のバスはまだアフガニスタンに入ってないという。

そうこうする内、ようやく「英語をしゃべる」という男が現われる。切符代を聞くと、カンダハルまで、なんと百アフガニ（約五百五十円）という安さである！　しかも座席指定ときた。カーブル〜カンダハル間の距離はざっと四百九十キロというから、我々日本人にはちょっと信じられない値段である。出発は明朝十時。場所はカーブル郊外、コーテ・サンギという所のバスターミナルからである。カンダハルまでは、バスで約六時間。休憩時間等を入れて、午後四時くらいには到着できるという。

よかった！　これなら、文句なしにいい時間だ。私はペルシア語で書き込まれたそのチケットを大事にポケットにしまい込んだ。探検の第二目標・カンダハル（南方ルート）への道が開けたのだ。

チケットを仕入れたあとは川に面した郵便局で日本へ便りを出す。バーミアンへの小旅行から無事帰ったこと、明日南のカンダハルへ向かうことを書き送った。カーブルから日本あての絵葉書一枚は、航空便で十九アフガニ（約百五円）。

これで、きょうの用は終わった。あとは宿まで、ブラリブラリと散歩がてら市内見物だ。カーブル川に沿って東へ歩くと、川岸の道には一杯露店が出ていて、ここもすごいにぎわいだ。そこから町並みを北へ抜けると、立派な近代的な建物がいくつかあり、一見して政府機関のものだとわかる。このあたり、郊外へ続くとみえて、大きな通りである。左手には王宮があり、銃を持った兵士が何人も立っている。

その内、どこから現われたのか、一人の若い男が私のそばに寄り添って来る。

「すみません。あなたは、どちらの国からこられたのですか？」

「ジャポニ」とぶっきらぼうに答える（何せ、私はこの種の男が大きらいなので）と、さも哀れな声で「私は学生ですが、今金がなくて困ってます」と言う。

そんなこと俺の知ったことかと、知らん顔してスタスタ行くと、奴さん、実にしつこくあとから付いてきて、へたな英語でしゃべりまくる。

「あなたがこれから旅行される所は、どこでも自分は案内できる。三ヵ月ぐらいだったら、一緒にアフガニスタンのあちこちを回って色々世話をしたい。金はいらない。一緒に食わせてもらうだけでいい」と言うのである。

冗談じゃない。俺に養ってくれとでもいうのか！　あのアジーでさえ、一晩でうんざりしたのに、三ヵ月も一緒に旅行とはどうだ。この男がどう間違えて、私を金持ちだと思ったのかわからないが、とにかく私はこういう連中は大きらいなので、知らん顔を続けることにした。ところが、どっこい。この男、ちょっとやそっとのことでは、あきらめそうにない。実に延々何百メートルもの道すがら、くっ付いて離れず、しかもその間中、自分を連れて旅すれば私がどんなに楽になるかということを、のべつまくなく売り込むのである。その内、やっとシャリナウの宿の前まで来た。「じゃ、あばよ」と言って、私は宿の中へ一目散に飛び込んだ。男は、それでもあきらめきれぬのか、しばらくは宿の前に立っていたようだ。

ムスタファホテルの男たち

ホテルへ帰ってみると、中の男たちはいかにもヒマそうな風である。泊まり客は、この時期では数えるくらいしかいないようだ。実にがらんとしてるので、ここで働いている男たちの方が目立ってしまうのだ。

みな一様に若い連中ばかりだが、聞いてみると、それぞれ出身地が違う。まず、マネージャーのミスター・アリフ（私が名前を覚えた唯一の男）は、ハザーラ族（モンゴル系）の出身で、バーミアンに行く途中の村に家がある。

次に、チョビひげの男。彼は、仕事の合間には必ず英語の辞書を前に一生懸命語学の勉強をする努力家だったが、聞いてみたら家はガズニだった。

それから、いつも物静かだが、金髪(!)で実に人なつこいのはヌーリスタン出身の男。……という具合に、このムスタファホテルには結構いろんな地方から若者が出て来て働いているのである。いわば「出稼ぎ」のようなものだろうか。彼らはここの食堂の給仕をはじめ、掃除、薪ストーブの管理など一切の世話を引き受けているが、手がすくと、私のようなヒマな客の所へ来て話をしたり、そうでない時は、例によってストーブを囲み雑談である。

ここのホテルが、わりと外国人客向けのせいか、みんな一様にある程度の英語が話せる。しかし、若い連中がこれだけ地方から都市へ働きに出て来てるというのは、やはり地方に現金収入を得られる所がないからなのだろうか。——ムスタファホテルに見るアリフたちの姿は、まさにそのまま現代アフガニスタンの若者たちの姿に違いない。

ここのマネージャー、アリフは二十二歳である。私は彼から、この国の様子をいく分か知ることができた。「アフガニスタンじゃ、英語を覚えた方がいい仕事につける(つまり、いい給料をもらえるわけ)。月に十四ドル(約四千二百円)は堅いな」と、彼は言う。

確かに日本と違って、農業・牧畜が主体の国であるから、現金収入の口は極めて限定される。しかし、ここにはシルクロードの面影を今なお色濃く残す町や遺跡が豊富にあり、欧米からの観光客も年ごとに増加している。だから、こうした観光客の案内や世話をする仕事——そのためには最低、英語ぐらいは十分にしゃべれねばならない——が、現金収入としては一番魅力である。だから、あのアジーのような運転手がいるのだろうし、また「ガズニの男」のように、ヒマをみつけては一生懸命英語の勉強をしている男もいるのである。もちろん、ついさっき、通りで私にしつこく付きまとって離れなかった「学生」もそうだ。

ところで、ここの国の人々は、どれくらいの収入を得ているのか。アリフによれば「公務員が月に下級で五百アフ（約二千七百五十円）、上級で一万二千アフ（約六万六千円）程度」もらってるそうだ。これに対し、兵隊の方は実にひどいもので、アリフに言わせると——ウソかまことか——「給料は月にたったの三十アフ（約百六十五円）で、メシは出るが、とても食えたもんじゃない」そうだ。これでは、ただで食わせてもらってるというだけで、悲惨さが漂うような話である。アフガニスタンでの兵隊生活も、楽じゃない。

さて、アフガニスタンで話される外国語にはどんなものがあるか。アリフによると、よく話される（通用する）順に、英語、ジェルマン（ドイツ語やドイツ人のことを彼らはこう発音する）、フランチ（フランス語やフランス人をこう発音している）だという。私が日本出発前に少しかじってきたトルコ語は、残念なことに、ほとんど使えないことがわかった。トルコ語は、ヒンドゥークシュを越えた北部のあたりでしか通用してないというのだ。つまり、

カーブル川沿いのシャー・ド・シャムシーラ・モスク

私が第三目標に決めていたマザーリシャリフ方面になるのだろうが、バーミアン行きを果たし、さらにこれからカンダハル、ヘラートを目ざすことになった以上、北のルートは時間的にみて放棄することになるはずである。だから、トルコ語を生かせるチャンスはなくなったと言ってよい。アラビア語に至っては、もう問題外である。

アリフに言わせると、トルコ語とここのペルシア語で共通する単語は「テシェキュル（有難う）」と「チャイ（紅茶）」ぐらいだという。

余談になるが、かつてアジア、ヨーロッパを震え上がらせたチンギス・カンは、ここアフガニスタンでは「チャンギスハーン」と呼ばれているそうだ。

——さあ、これで明日はいよいよ南へ向けて出発できることになった。アリフに聞かれて、私はこれからの行動予定を説明する。

「あんたは、そうすると、カンダハルからヘラートまで行って、またここへ戻って来るんだな？　それなら、大きい荷物はここに置いて行ってもいいんだよ」と、アリフは言う。考えてみると、リュックを担いで行くのは大変だ。余計な物がかなり詰まってて、どうしても行動を制約されがちだ。荷物の大半を置いて行くのは、少し心配だが、マネージャーのアリフとはもう気心の知れた仲である。ここはひとつ、アリフに頼んでリュックは残しておこうと決心した。

そこで、カメラ、三脚、テープレコーダーをはじめ、タオル、歯みがき、トイレットペーパーなどの貴重な必需品をすべてショルダーバッグに詰め、あとは寝袋だけをさげて出発することにした。（結果的に、この方がよかったことをあとで知ることになった）これで名実共に、カーブルのムスタファホテルは、私のアフガニスタン探検の根拠地となったのである。

【補注】

兵隊の給料

私はアリフから月給を三十アフガニと聞いたが、同じ頃、アフガニスタンに滞在していた松浪健四郎氏の調べでは四十五アフガニという（同氏著『アフガン褐色の日々』改版、中央公論新社、二〇〇一年）。ちなみに一九五四年に訪れた岩村忍氏は現地の人の話として、三十アフガニと記している（前掲書『アフガニスタン紀行』）。兵隊の階級差もあり、何とも言えないが、物価の変動が緩やかなことは確かであろう。

ヌーリスタンから来た男

ムスタファホテルのバッチャー達の中に一人だけ金髪で青い目の男がいた。てっきり欧米人かと思ったが、実はアフガン東部のヌーリスタン出身と聞いて意外に思った。その容貌が国内の他の民族と比べ、際立っていたからである。ヌーリスタンは独自の文化を持つ地域であり（五四～五七頁参照）、さらに「男女のほとんどが青い目、赤ないし金髪」をした身体的特徴が訪問者を驚かすという（ナンシー・ハッチ・デュプリ『アフガニスタン─歴史と文化の旅』）。同地は険しい山岳地帯でもあり、立ち入りは困難だが、今なお学者らの興味を引き付けてやまない。なお、私が帰国した七六年の八月、当時外国人の入山が禁止されていたヌーリスタンに、カーブル大学で体育学を教えていた松浪健四郎氏が、教え子の学生らと密行した際の様子が氏の前掲書に記されている。

六　泣いて笑ったカンダハル

イギリスの若者と

翌朝は午前七時に起床。幸い、天候は快晴だ。ゆっくり朝食をとってから、九時にホテルの前でタクシーをつかまえ、コーテ・サンギへと向かう。コーテ・サンギは、郊外にある長距離バスの発着所である。九時半、ターミナル着。カーブル〜カンダハル間のバス代が百アフだというのに、このタクシー代が五十アフというのは驚きである。

感心したことに、カデリバスは「予定通り」十時に出発した。乗客の大半はアフガン人で、中にパキスタンあたりの客も見えたが、外国人らしい外国人は私と他にもう一人、イギリスから来た若者だけである。彼の名はポール。三ヵ月をインドとパキスタンで過ごしたあと(彼の話では、随分優雅な生活だったらしい)、これから中近東を通ってイギリスへ戻るところだという。小さなリュック一つだけの旅で、なかなか身軽な格好だ。私達は二言、三言話しただけで、すぐに意気投合したので、ポールの方も「英語のしゃべれない連中の間に座っているよりは」と、私の隣の席の男に交渉して、座席を代わってもらい、引っ越して来た。

いい道連れができた。中近東のバス旅行ほど孤独なものはないことを、私はよく知っている。町から町への距離が極端に長いことは、あきれるばかりで、途中通過する小さい村を除けば、まったく人影を見ることはないときてる。そんな時に、傍に英語で話のできる若者がいることは、私にとってどれだけ心が和むことだろう。それはポールにとっても、同様である。何と言ったって、カンダハルまでは六時間もかかるのだから。

アフガニスタンはこわい所

世の中は狭いものだと思う。ポールは前にも一度、アジアを旅したことがあると話した。実は、その時ポールが旅をしたというのが、私と同じ一九七一年。そして、私が十月にいたイスタンブールに、彼もやはりいたのである。

その年の話だと言って、彼は当時のアフガニスタン旅行の話をしてくれた。ポールが、アフガニスタンとパキスタンの国境にある有名なカイバル峠をヒッチしながら歩いていた時のこと（この「カイバル峠」は歴史的にも名が高いだけでなく、よく山賊が出没する物騒な峠としても有名である）。突然、彼の前に小さな少年が現われたのである。手にピストルを持って！

「金を出せ」と、少年は要求した。しかし、ほとんど無一文でヒッチ旅行していた彼のこと。「金なんて、持ってないよ」と説明したら、幸い少年の方もすぐにそれを納得して、立ち去ったそうだ。

ところが、そのすぐあとで、現実に二人のヨーロッパ人が峠で殺される事件が起こったのである。これには、さすがの彼もびっくりしたという。しかも、である。ポールは、やはりあとから、そのカイバル峠について「道路の外は人が殺されても、アフガニスタン政府は何ら責任を負わない」ということを聞いて、二度びっくりしたそうだ。

「いいかい、君。僕はまさかあの峠が、そんなにこわい所だとは知らなかったんだぜ！あの時のことは、今から思い出してもゾッとするよ！」

ポールは真剣な顔で、そう語った。――やはりそうか。来る前に、色々危ないとは聞いていたが……。アフガニスタンで油断は禁物だ。俺も、この先気をつけねば――。

カーブル～カンダハルの中間付近のチャイハナ（茶店）前で

ロンドンで「ただメシ」を食う方法

ポールはイギリスの若者であるから、私が紛争続く北アイルランド問題に話を移したのは、当然のなりゆきであった。その折、ポールは面白い話を聞かせてくれた。

「もし、君がロンドンに来て金を持たない時、ただでメシを食う方法が一つある」

「えっ、そりゃどんな方法だい？」

そんなうまい方法があるなら、私も知っておきたい。

「別に、難しいことはないんだ。まず、レストランに入り、好きな物を注文して食事をするといい。それから、途中で友達に電話してくれるように頼むんだ。そして、食事が終わりかけた頃、例の友達から店に打ち合せ通りの電話がかかってくるんだ。『おたくの店に爆弾をしかけたぞ！』ってね。すると、途端に店の中は大混乱。客はあわてて外へ飛び出すだろう。もちろん、こっちもそれにまぎれて、姿をくらますという寸法さ」

これはしかし、冗談や笑い話ではない。まじめな話なのである。北アイルランドで活動するＩＲＡ（アイルランド共和国軍）の爆弾テロが、ついにイギリスの首都ロンドンでも頻発するようになったからである。

アジア・ハイウェイを南下する

それにしても、この荒漠とした光景はどうだ。我々の乗ったドイツのベンツ社製中古バスは、快調に南へ、南へと突っ走る。カデリバスは、なるほどアリフたちが言ったように、アフガニスタンに山とあるバスの中でも、いい方の部類に入りそうだ。その証拠に、途中何台も客を満載した長距離バスを見かけたが、我々のバスは他のバスをどんどん追い抜いて行く。他の会社よりは、ちょっと料金は高いが、こんなにフルスピードで走ってくれるなら、文句は言えない。このハイウェイはアフガニスタンの大動脈で、西はこの先ヘラートからイランへ、東はカーブルからパキスタンへ抜けている。その内、カンダハルから東側はアメリカの援助によって、また西側はソ連の援助によって作られたものである。わずか二車線だが、中部と北部（西側）ルートが悪路であること、この国に鉄道がないことを思えば、その果たしている役割は実に大きいのである。

途中で出会うのは、ほとんど我々のような長距離バスか、トラックである。一度、トラックと乗用車が正面衝突して大破している光景を見たが、日本と違い、半日も走らないと、病院のあるような都市にたどり着けないこの国では、交通事故は致命傷であろう。

しかし、事故が起こるのも、思えば無理もない話だ。何せ、大平原の中を、道がただ一直線に延びているのだ。途中、通過する村だって知れている。こんな所を半日も一日も「ただアクセルを踏みっ放し」なのだから、どこかで意識が朦朧とすることだってあるだろう。こわいのは、スピード感覚がマヒすることで、沿道に木や家がなかなか見当たらないこの国では、それも仕方のないことだが、バスもトラックも、ものすごいスピードですれ違う。正面衝突の恐ろしさがわかろうというもの。

カーブルを出ると道は下り坂で、しばらくは両側に山々が続き、雪も結構見られたのだが、その内、いつしか雪も消えて、今まで人影さえなかった道路沿いに耕作風景がぽつぽつと見られるようになった。荒涼とした平原の中にも緑の草が点在し、遠くコチ（遊牧民）

たちのテントを見出す。

どうやら、南部第一の商業都市カンダハルへ我々は近づいたようだ。「カンダハル」——いかにも発音しにくい名前だが、この現名は、その昔アレキサンダー大王の建設したアレキサンドリアの訛ったものだという。標高千メートル。カーブルが千八百メートルであることを思えば、冬でもその暖かさは想像できる。

ポールは、しきりにこれから先の長旅のことを考えている。彼はこの先、ヘラートからイランに入り、トルコ、ギリシアを通り、ヨーロッパを抜けてイギリスまで帰らねばならない。ただ通過するだけでも、一ヵ月近くはかかるだろう。幸い、私が中近東ルートのガイドブックを持っていたので、イランから先のバスや汽車の情報を教えてやることができた。

ところが、このポールには、国に帰っても仕事がない。目下、失業中なのである。不景気の嵐は、日本だけではない。イギリスでも猛威を振るっているのだ。だが、失業中だというのに、彼の全体からにじみ出る「ゆとり」はどうだ。失業中で、国に帰っても仕事を探すのが大変だと言いながら、彼にはそんなことをあれこれ心配しているような気配はみじんもない。「やっぱりイギリス人なんだなあ」思わず、私はそんなことを考えた。イギリスの若者には、アメリカの若者のように底抜けの陽気さはないが、かつてヒトラーのナチス・ドイツを向こうに回し、苦しい戦いを勝ち抜いた第二次大戦のように、どこか苦難に強い「大英帝国」の伝統を感じさせるような物腰が身についている。

カンダハルのすぐ手前に来て、左へ折れる道路を目にした。「ああ、あの道は覚えてる。俺がパキスタンへ入った時の道だ」と、ポールが教えてくれる。アフガニスタンからパキスタンに入る道は、北のカーブルからカイバル峠を経由してペシャワルへ出るものと、南のカンダハルからこの道伝いにクエッタ（いずれもパキスタン西部の町）へ出るものの二本があるのだ。

クレージーな宿

やがて、バスは目ざすカンダハルに入った。午後四時半である。町の中心のにぎやかな交差点の一角でバスを降りる。そばにカデリバスの事務所があったので、ポールと一緒に早速ヘラート行きのチケットを買い入れる。ポールは先を急ぐので、明日の便だが、私は二泊の予定なので、明後日の便にする。うまい具合に座席が取れた。ヘラートまで、料金はきょうと同じ百アフだった。出発は午後一時とのこと。ポールの方は難なくチケットを買えたが、私の方は「明後日」の分を買うのにひと苦労した。切符係の男が「明日」（TO

敬虔な殉教者たち（シャヒダーン）の記念碑

MORROW）という英語しか知らず、「明後日」という言葉をわからせるのに大汗をかいたからである。

宿は、ちょうどその裏手にあった「バクタルホテル」とかいう名前の所に決めた。一泊四十アフである（カーブルのムスタファホテルの半分だ）。

それはよいとして、どうもそこのチョビひげの若いマネージャーが気がかりの種である。何やら、彼の仕草が妙なのだ。我々がそこに入り込んだ時から、目付きがどうもおかしい。まるで女を見る時のように、目を細めてニヤニヤと笑うのだから、いよいようす気味悪い。「部屋へ案内するから——」と言っては、ポールの肩に手を回し、廊下を歩くのである。我々の部屋は、一番奥のベッドの二つある所だったが、部屋へ案内しても、このマネージャー、ベッドに座り込んだまま、帰ろうとしない。その内、ポールのひげに興味を持ったのか、しきりに触ってみようとする。しまいには「どうだ、ハッシシはやらないのか？」と、手に持っていた麻薬のハッシシをすすめ出した。

　これはどうも、ひどい宿に来たものだ。真っ昼間からこんな調子じゃ、今夜はどうなるんだ？　しかし、泊まることにしてしまった以上、今さら出るわけにもいかない。

　そこで、我々は荷物を部屋に置くと「食事に行く」と言って、早々に外へ出ることにした。――とてもじゃないが、こんな宿に夜までの長い時間、おられたもんじゃない。

「あいつが、俺に何をしようとしたかわかるか？」

　ホテルの階段を逃げるように降りながら、ポールが肩をすくめて言う。さすがのポールも、こわくなったとみえる。あのマネージャーは、間違いなく「ホモ」なのだ。

　中近東にホモが多いことは、今さら改めて言うまでもないことである。しかし、この私とて、あのチョビひげマネージャーが、昼間からいやらしい目付きをしているのには驚いた。ハッシシが効いてたせいだろうか。

「ひでえ所だ。まったくクレージーだ（気違いじみてる）！」

　私もポールも、暗くなって宿に寝に帰るまで、外でメシでも食って時間をつぶすことにした。

世にも不思議なレストラン

交差点に出たあと、ヘラートへ向かう街道に沿って歩くと「レストラン」と書いた看板の出てる所があった。「ここにしようや」と二人で中に入ったが、内部はうす暗いコンクリートの廊下が続くだけで、人影もない。「おかしいなあ」と、二人でウロウロしているところへ、垢で汚れたのか、煤で汚れたのか、とにかく黒い顔をした貧相な男が洟をすすりながら、奥から出て来た。聞いてみると、この建物は間違いなくレストランだという。見かけに似合わず、この男、結構英語をしゃべる。

二階だと言われて、うす暗い廊下を通り、狭っ苦しい階段を恐る恐る手さぐりで登った。しかし、上にも狭くて暗い廊下と、いくつかの部屋らしきものがあるきりで、人の気配すらない。念のためと思い、手近な部屋のドアを押してみる。

中はかなり広く、がらんとした部屋で、下にはじゅうたんが敷いてあり、壁に面して並べられた座布団、それに薪ストーブ。ただそれだけの部屋である。

「なんだ。こりゃ、やっぱりレストランじゃないぞ」そう言って、我々が帰りかけた時である。

「やあ！」と言って、奥のストーブの陰から顔を出した男がいる。見れば、欧米の若者のようだ。

「君、ここはレストランなのかい？」

「ああ、そうさ。君達も、ここに座って待ってたらいい。その内、マネージャーも来るだろう」

——世にも不思議な話だ。本当に、この部屋がレストランなのか？　我々はあっけにとられた。彼が声をかけなかったら、私もポールも、てっきりだまされたと思ったところである。その先客はアメリカ人の若者で、実はここの二階の部屋に泊まってるところだという。つまりホテルなのだ、ここは！

言われるままに、我々も中に入り座布団に座って、マネージャーの登場を待った。すると、間もなく入って来たのは、なんとさっき入口で出くわしたカゼ気味の黒ずんだ顔の男ではないか。

「あんたがここのマネージャーか、本当に？」

「さようでございます」

我々はまたあっけにとられて、お互いの顔を見合わせた。

「何にいたしましょうか?」

マネージャー氏は、例によってその黒ずんだ手で洟をすすりながら、何やらギッシリ書き込んだボロボロの大きな厚紙を差し出した。驚くなかれ! これぞ「当店のメニュー」ではないか。そこには、英語で何十もの品目が書き連ねてあった。信じられないことである。こんな場末のうす汚い「レストラン」に、これだけ豊富なメニューがあるなんて! やっぱりアフガニスタンって所は、信じられないことが起こる所なのだ。

ところが、そのあとが大変だった。注文したのに、料理が運ばれて来るまでの長かったこと! 待望の料理が出てきたのは、外がもう真っ暗になってからだった。しかし、夜だというのに、部屋の中には、ローソクが二本立ってるだけである。これじゃ、いったい全体、何を食ってるのかわからない。私はシシカバブの料理を食べたが(三十三アフ)、皿の上にはただ黒々としたものが並べられているようにしか見えず、何の肉を食ってるのかわからなかった。ポールはポールで、サラダを注文したのはよかったが、生タマネギがかなり成長した大きい物だったため、とても塩をかけただけでは、食えたものじゃない。半分も食べない内に、放棄してしまった。

さて、こうしてメシはどうにか食ったものの、ポールも私も、いっこうに例の宿へ帰る気が起こらなかった。あのホモで、ハッシシを吸うマネージャーが手ぐすね引いて待ってるようで、とてもそんな気にはなれない。それよりも、ローソク二本とはいえ、ここの方がまだましだった。何と言ってもアメリカの若者が投宿中であり、話もはずむ。

現われた女

その晩、私はそのレストランで信じられないような経験をした。もともと、このカンダハルという町は、ヨーロッパとインドを結ぶアジア・ハイウェイ上にある町として、欧米の若い旅行者たちも結構通ることで知られている。ところが、さすがに十二月も末になると、寒いこのルートで欧米の若者たちを見かけることは難しくなる。一般的に言って、十二月という時期には、このルートを楽しみながら旅するということは考えられない。私やポールみたいなのは、例外に近い存在なのである。

だから、私達は今夜このカンダハルに泊まっている外国人旅行者は、我々二人とここのアメリカ人二人ぐらいなもんだろうと考えていた。ところが、である。その夜、こともあろうに私は日本人の若い女性(!)にその奇妙なレストランで出くわしたのだった。

不思議なレストランの中（ただし、客のいない昼間の様子である）

驚いたのは、私だけではない。ポールやアメリカの連中もそうだった。何しろ、レストランの中は、ローソクが二本立ってるきりで、ほとんど暗闇も同然なのだ。そんな所へ「女」が入り込んで来たのだから！　正直な話、我々四人ともこのさびしげなレストランの中で女性にお目にかかれるとは、夢にも思ってみなかったのである。

最初、中に入った彼女を「中国人」じゃないかと言ったのは、ポールだった。しかし、私は一目見て、彼女が日本人だと思った。早速声をかけてみると、やはりそうである。彼女は、ドイツ人の青年と一緒だった。私の思いがけない日本語に彼女もびっくりしたらしく、途端に私達はうちとけ合って、それから夜のふけるまで語り続けた。彼女の連れは、フライブルク（西ドイツ南部の町）出身のドイツ人で、実は彼女の旦那さんだったのである。彼が日本に来た時に知り合って結婚し、しばらく彼氏の家（西ドイツ）へ二人で帰っていたのだそうだ。それから、再び日本へ戻ることになり、今は中近東を「ヒッチ」したりしながら、インドへ向かってるところだという。彼女も、久しぶりで日本人に会えたことがうれしかったのだろう。私に、いろんな途中の苦労話を聞かせてくれた。

それによると、彼女達はドイツからこのアフガニスタンにたどり着くまで、随分危険な目に会ったという。何せ、二人はシリアやトルコの田舎道を「平気」でヒッチして来たらしい。男でも、中近東のヒッチ旅行はかなり勇気のいることだが、案の定、ある時はトラックの運ちゃんとケンカしたり、ある時は運ちゃんが彼女に迫って来たり、ともかくいろんな体験を積んで来たとのこと。いくら旦那さんが一緒とは言え、お互い英語だけではそんなことを打ち明けることもできない。たまたま、同じ日本人である私に出会って、今までの辛かった思いがどっとあふれたようだった。確かに、どんな女の子でも、この中近東はしんどい所である。

旦那さんの方と話をすると、以前日本にいた頃、私の住む富山にもヒッチで来たことがあるという。「どこで泊まったんだい？」と聞くと、海のそばのユースホステルだという。

「あっ、そりゃ浜黒崎のユースじゃないか！」浜黒崎なら、私の住む村からでもそんなに遠くはない。小さい頃、よく夏になると、海水浴に出かけたものである。「なつかしいなあ」私は彼らと語り合いながら、しばし故郷《ふるさと》を思ったのだった。それにしても、この地球も、考えてみれば狭くなったものである。

その内、夜もふけたので、彼らと別れを告げ、我々は宿に帰ることにした。帰ってみると、例のチョビひげおやじに他の男が一人、入口で我々を待っていた。

「ミスター、ここにちょっと書いてくれないか？」

男はそう言って、大きな帳面を机の上に広げた。どうやら、ここの宿帳らしい。我々はアラビア文字が一杯並んだその帳面の上に、英語で旅券番号や氏名、国籍、職業などを書き込んだ。私は公務員だから「パブリック　オフィシャル」と書いたが、失業中のポールはどうするかと見れば、すました顔で「アーティスト」（芸術家）などと書いている。なるほど、こいつは参った。彼もなかなかの役者である。

さて、その夜出かけた宿のトイレがまた傑作だった。それは、日本人である我々には、とうてい理解できぬ構造の代物だった。

つまり、そこは例のレストラン同様、だだっ広い大部屋で、中はがらんとして一望千里の見晴らしなのである。通常、日本や欧米では仕切りによって人工的に狭い空間を設けるのが普通だが、ここには仕切りなどという気の利いた施設はどこにも見当たらない。「はて、どこでするのかいな？」と見れば、セメントの床の上に足をのせる台が二つ。その中間にコブシ大の穴がぽつんと一つ。──これじゃ、とてもしゃがむわけにはいかない。まわり中から丸見えである。さすがの私も、その光景にはおったまげた。ほうほうの体で部屋へと逃げ戻った次第である。アフガニスタンは、私のような日本人の想像をはるかに絶する、おおらかな国だったのだ。

部屋に帰ると、ポールが一生懸命電気のスイッチをいじっている。
「どうしたんだ?」と聞くと、「どうも、おかしい。灯が点かないんだ」と言う。天井には小さな電球が一つではあるが、ブラ下がっている。どこの具合が悪いのか、点いてくれないのである。ソケットをいじろうかとも考えたが、天井は余りに高過ぎた。飛んでもはねても、手が届きそうにない。結局、あきらめてそのまま寝てしまうことにした。幸い、部屋が外に面していて、外の電灯の光がさし込んでくれたので助かった。

しかし、話はそれですまなかった。どんな人でも、宿に泊まれば、寝る時ドアにカギをかける。それが中近東とあれば、なおさらである。ところが、であった。ここのドアには、いくら探しても内側にカギをかけるべき留め金がないのである。そのくせ、外側を見れば、ちゃんと留め金が付いている。

「おい。こりゃ、冗談じゃないぜ！」私も、ポールもあわてた。つまり、この部屋は外からカギをかけるのは自由だが、内側からはかけられないのである。とんでもねえホテルだ。私は昼間のチョビひげおやじの顔を思い出し、一瞬ゾーッとなった。それは、ポールも同様だった。まさか、奴さん、夜中に忍んで来るつもりじゃあるまいな……。

そこで、我々は一計を案じた。つまり、ドアの内側にバリケードを築くことにしたのである。中にあった机を寄せ、さらに我々のベッドで補強すると、どうにかいきなり飛び込んで来るのだけは防げそうだ。

「まあ、これだけ備えをしておけば、何とかなるだろう」というわけで、ようやく我々はベッドにもぐり込むことができた。

「君は、もう一晩泊まる予定だったな。それなら、昼間行ったレストランのある宿に明日は移った方がいい。ここは、クレージーだ」

ポールが心配して、私にそう言った。言われるまでもなく、私はとっくに引っ越すつもりでいた。ポールが明日出て行ったあと、こんな恐い宿に一人っきりになるのは、まっぴら御免だった。

ピンチに見舞われる

十二月二十八日(日)。幸い、昨夜は無事だったようだ。我々は身仕度もそこそこに、入口の受付にいたおやじに金を払い、宿を引き払った。

私の引っ越し先は「バーバワリホテル」という名であった。おやじとは、すでに先刻顔なじみの仲である。聞けば、ここの一泊は、なんとたったの二十アフ(百十円)。きのうのバクタルホテルの半分、カーブルのムスタファホテルの四分の一という安さである。その代わり、トイレなんぞはまるでどこかの物置き小屋みたいにがらくたが積んであり、そこいら中埃だらけである。でも、ここには欧米の連中や日本の女の子がいるし、けったいではあるが、まことに面白いレストランもある。おやじは、例によって洟をすすっているが、顔は色の黒いのを除けば日本人によく似ており、その点、昨夜の宿よりは安心して眠れるに違いない。

おやじは、私を二階の突き当たりにある一室に案内した。ドアを開けると、ベッドが三つあり、その内の二つは昨夜レストランで一緒だったアメリカの若者達が使っている。「やあ、こんにちわ！」と、お互いにあいさつを交わす。きょうの昼、ポールと別れることを考え、若干さびしくなっていた時だけに、陽気で愛想のいいアメリカ人達と同室になれたのは幸いだった。

さて、そろそろ路銀も心細くなってきた。ここいらで、ドルをアフガニに替えねばならない。私は同室のアメリカ人や、ヘラート行きのバスの出発まで間のあるポールたちと連れ立って、近くの交差点に面した国立銀行へ出かけることにした。

ところが、銀行の入口をくぐって驚いた。剣付き鉄砲を持った兵士が中に立っていたからである。そう言えば、カーブルの博物館の入口にもいたっけ。まさか、銀行ギャングを警戒してるわけでもあるまいし――。どうも理解に苦しむ国である、アフガニスタンって所は――。

二階の窓口でポールたちがチェンジ（両替）をすませると、今度は私の番になった。ところが、係の若い男は私のパスポートをしげしげ見ていたが、突然「○○ペーパー」を出せ、それがないなら両替しないなどと言い出した。「何のことだ？」とポールたちに聞くと、どうも入国時の所持金申告書類のことらしい。そこで、私は考えた。まてよ、俺はそんなものを空港でもらっただろうか？……。だけど、どれだけ考えても、そんな書類をもらったり、所持金について聞かれた覚えはまったくなかった。現実に、私は税関を通って入国したのだし、そのあと空港ビルで両替もし、またバーミアンでも両替して来ている。いったい全体どういうことなのか、私にはてんで合点がいかない。ポールやアメリカ人たちは、みな陸路からアフガニスタンに入った。しかし、私は違う。デリーから直接飛行機で入ったのだ。そんな書類が必要だなんて、何かの間違いじゃないのか。

係の男はしかし、いくら私が事情を話しても納得しなかった。そればかりか、しまいには「ちょっと一緒に来い」と言って、私を奥の一室へ引っ張り込んだ。その部屋には、この銀行の店長なのだろうか、いかにも偉そうな人物が座っていた。係の男は、その偉い人物に何事か私のことを報告してるようだった。

「君は、本当に○○ペーパーをもらってないのか？」と、その人物は英語で私に尋ねた。そこで、私は入国の際空港ではそんなものをもらわなかったし、今までバーミアンやなんかの銀行でもちゃんと両替できたことを説明した。しかし、彼は「だめだ。税関の書類がなければ、両替できない」と言って聞かない。「君は、それを持ってるはずだ」と言うのである。

結局、私は両替不可能のまま、そこを引き揚げるより他はなかった。外では、ポールたちが心配して私を待っていた。色々聞いてみると、彼らは確かにその「所持金を記入した書類」を税関で入国の時にもらっている。だが、どうして私はもらわなかったのだろう？……そう言えば、空港の税関に着いた時、人混みの中で年とったじいさんが何やらわめきながら、色の付いた紙を振り回してたっけ。ひょっとしたら、あの紙がその「〇〇ペーパー」だったのだろうか。――いずれにしろ、私はその書類をもらわずに入国してしまったのだ。世にも不思議な話だが、これは事実なのである。そして、それがない限り、ここでチェンジはできない。弱ったことになった！　私は頭を抱え込んだ。

同行のポールも「ここのバンクはおかしい。今まで、この国じゃ何回も両替したけど、あの書類を見せろと言われたのは初めてだ」と、首をかしげる。ひょっとすると、ここが国立銀行のせいなのかも知れない。それなら、他の私立銀行をさがしてみよう。

私立銀行は、確か国立銀行のある大交差点の北にあったはずだ。きのうの夕方、カーブルからバスでこの町へ入った時、それらしき看板が出ていたのを私は覚えている。

行ってみると、そこはこぢんまりした建物であったが、前庭には兵士が二、三人たむろしていて、うさんくさそうに私を見た。あんまりいい気分じゃない。兵隊がそこいら中にいる。しかし、ここでおとなしく引っ返すわけにはいかない。両替できなければ、お先真っ暗なのだ。意を決して中に入り、英語のわかる女の係員をつかまえて「アメリカのドルをチェンジしたいのだが――」と尋ねてみた。ところが、何たること。その若い女の子が、ニコニコと愛想よく教えてくれたのは、さっき追い返されたばかりの国立銀行の場所だったのである。すると、この町じゃ、あの国立銀行以外はダメなのか。――とうとう、これでお手上げである。

アフガニスタンの金を持たないということより、銀行で両替するための税関発行の書類を持たないことが、決定的に私を窮地に追い込んでいた。ドルをアフガニスタンの金に両替しようと思えば、銀行以外でもやれぬことはない。しかし、それはあくまでブラックマーケット（ヤミ両替）であり、非合法なのだ。カーブルまでは、何とかそうやってでも帰ることはできよう。しかし、問題は出国の時である。果たして、カーブル空港の税関は所持金申告証明書を持たずに入国した私を無事に通してくれるだろうか？

問題はしかし、それだけではなかった。本来、中近東では出国の際、例の所持金証明書の他に銀行で正式に両替したことを示す両替証明書を提示させられる。ところが、考えてみると、私が今まで両替をしたバーミアンやカーブル空港内の銀行では、どこもそんな証明書（バンクレシート）をくれなかった。このまま行けば、税関側は、私がアフガニスタン国内でヤミ両替をしていたと主張、追及するかも知れない。

——まずいことになった。これでは、万事休すである。これから先、ヘラートを回ってカーブルまで帰るというのに、手元にはアフガンの現金がもういくらもないのである。私は最大のピンチに一人、天を仰いだ。

友情に泣く

事態は最悪だったが、一人でいつまでも頭を抱えていたって始まらない。気を取り直して市内見物でもしようと考えた。

空は、私の心配事などまるで無関心なように青々として晴れ渡っている。北へトボトボ歩くと、きのうカーブルから来た時の街道に出た。ずいぶん広い通りだ。ラクダが何頭か一団になった隊商がやって来るのに出会う。「ああ、シルクロードの町に来たんだな」という感慨でいっぱいになる。ここは、アフガニスタン南部の古くからの町だ。かつて、どれほど多くのキャラバンが往来し、遠い国々の珍しい品々を運び込んだことだろう。しかし、いったいラクダのキャラバンを見られるのは何年先までのことだろう。もう大きなトラックが、砂埃を上げてあちこちを往来しているこの頃である。ラクダのキャラバンにシルクロードを想った時代は、今や過ぎ去ろうとしている。

アハマッド・シャー・ドゥラニ廟というのが、この街道から少し南に下った所にある。ここはカンダハルの名所の一つだ。青い空をバックに、ドーム（円屋根）のブルーが何とも言えず美しい。

アハマッド・シャーこそは、「アフガニスタンの父」として尊敬されている前アフガン王朝の創始者である。彼によって、十八世紀に初めてのアフガン人の統一国家が建設されたのである。通りに面して広大な前庭があり、参詣の人々であろうか、建物の陰に憩う姿が見られる。ちょっと近くで見てやろうと、参道をてくてく正面の方へ向かって行くと、またまた銃を持った兵士が一人やって来て「入場券を買え」と言う。「金はない。外から見るだけだ」と言うと「じゃ、帰んな」という返事である。実に無愛想な話である。

廟からさらに南へ、町の中心に出ると、そこいら中の通りに商人が店を出して「売った、買った」とすごいにぎわいである。何百メートルにもわたって延々と店が出ていて、ありとあらゆる品物が並んでいる。おそらく、国境を越えた南東のクエッタ（パキスタン）あた

アハマッド・シャー・ドゥラニ廟

りから、大量の品物が流れ込んでいるのではあるまいか。人出も結構ある。キョロキョロしていると、突然「どいた、どいた」とばかり横の小路から大きなラクダが何頭も現われ、道を横切って行く。ロバのキャラバンも通る。さながら、シルクロードの世界である。今は真冬のはずだが、ここは南だけあって、日射しは強烈だ。そのせいか、食べ物を売ってる所では、黒く大きなハエがワッとばかり群らがっている。これが、もし夏だったら——と思い、ゾーッとしてしまう。あっちの通り、こっちの通りと、てくてく歩き続けたが、どこまで行っても、この露店と人混みが続く。確かに、南部一の商業都市には違いない。

夕方近くになって、宿へ帰ろうと、例の大交差点のそばを歩いていた時のことだった。人混みの中で、今しも行く手のメシ屋からヒョコッと長髪の若者が

郵便局付近のバザール

出て来るのが見えた。埃にまみれたジーパンとリュック姿が長旅を物語るが、日本人であることは一見してわかる。思わず、私は彼に駆け寄った。間違いない。彼には見覚えがある。私がカーブル到着の翌日にシャリナウの通りで出会った男である。彼の名は梶野、東京出身の青年だった。

この前シャリナウで会った時は、「やあ、こんにちわ」とか言って、二言三言、言葉を交わして別れたままになっていたのである。その彼と、今またここカンダハルの街角の人混みの中で再会できたのだから、世の中とは面白いものだ。ちょうど私も今朝の事件で気分が滅入っていたところである。こういう出会いは、中近東でもそうザラにはない。早速、私は梶野氏を我がバーバワリホテルに引っ張り込んだ。

宿に帰ると、同室のアメリカ人が「銀行の方はど

カンダハルの東のはずれ

うだった?」と心配して声をかけてくれた。「——結局、ここでのチェンジは不可能だとわかったよ」と話すと、彼は私が困っていることを察して「十ドルぐらいなら、僕の手持ちの金でチェンジしてやろう」と申し出てくれた。私が、もう銀行では正式に両替できないことを知って、同情してくれたのだ。「——えっ、そりゃ本当かい? 有難い、助かるよ!」私は彼に心から礼を言った。こんな時に、他の旅行者仲間から受ける親切ほど有難いものはない。

うれしいことに、梶野氏の方も「そんなら、六ドルぐらいだけど……」と両替を申し出てくれた。二人のおかげでようやく私の手元には十六ドル分のアフガンの金が入った。これだけあれば、最悪の場合でもカーブルに帰るまで何とかなる。本当に助かった。あとは、カーブルに帰ってから考えればいい。

私は急場を救ってくれた二人に、心から感謝した。

ピストルを持った男たち

その夜のことである。我々が、例によってそこの宿のがらんどうのレストランで夕食をとっていた時だった。威勢のいい声を張り上げながら、入って来た二人の男がいる。パシトゥーン族の男らしかったが、一人は手にここの民族楽器を持ち、もう一人は何やらでかい荷物を担ぎ入れた。驚いたことに、その荷物を入れた男の方が、いきなり液体の詰まったビンを取り出し、我々に「飲め、飲め」と言い出した。梶野氏が匂いをかいで「こりゃ、酒だ」と言う。「いらん、いらん」と我々は必死に手を振る。酒は嫌いじゃないが、中近東では何がおっ始まるかわからないので、私は飲まないことにしている。梶野氏も中近東は長いはずだから、私と同じ気持ちだったに違いない。わけは簡単だ。イスラム世界では、イスラム教徒が酒を飲むことは禁じられているからで、この男が酒ビンを振り回し、ラッパ飲みしてること自体、この社会ではすでに異常なのだ。――何やら、やばい雰囲気だ。「コーラン」（イスラム教の聖典）の教えを無視して酔っ払っているこの男たちは、いったい何者なのか？　私達の心配をよそに、酒ビンを持った男は実にいい気分らしく、何やら盛んに大声でわめいている。

「おい、あれを見ろよ」

梶野氏が私をこづく。見れば、奥に座ったもう一人の若い男が、手に何か黒いものを持っている。――それは、ピストルだった！　男は、それをここのバッチャー（使用人）の一人に見せびらかしているのだ。

こいつら、ひょっとしたら、パキスタンとアフガニスタンを往来している密輸商人かも知れんぞ、と私は思った。何しろ、ここはパキスタンのクエッタからは近い。あの荷物の中に、こっちで売りさばく品物が入ってるのかも知れなかった。

パシトゥーンの遊牧民が、パキスタンとの国境を勝手気ままに越えて、自由に両国の間を往来しているという話を私は何かの本で読んだことがある。（ついでに説明すれば、このパシトゥーン族はアフガニスタンだけではなく、東隣のパキスタンにも住んでいる。植民地時代の人為的国境画定によって、今もなお何百万ものパシトゥーン人たちがパキスタンの北西辺境州とバルチスタン州にまたがって住んでいるといわれる。その中心は、ペシャワルやクエッタである。このパキスタン国内に住むパシトゥーン人の間には、以前からアフガニスタンへの帰属を求める動きがあり、これがアフガニスタン・パキスタン両国間の対立を生んでいるという)。

私の持参して来たガイドブックには、こんなことも書いてあった。「パキスタンへ向かうトラックには、武器や物資の密輸を専業にしている人が乗り込むことがある。途中で武器を出し、トラック・ジャックをして国境事務所のない山の中を越境してしまうので注意すること」(深井聰男『アジアを歩く』山と渓谷社、一九七四年)と——。

これだから、中近東は恐い。これから、そのパキスタンのクエッタへ向かうという梶野氏に「くれぐれも、気をつけて下さいよ」と言わずにはおれなかった。

嫁さんをもらうには金が要るのだ!

十二月二十九日(月)。きょうも快晴。ヘラート行きのバスは、午後一時に例の大交差点から出ることになっている。そこで、昼までの時間を宿のレストランでつぶすことにする。宿には、背の低くて人なつこいバッチャーが一人いる。私と梶野氏は、彼に「アジババ」というあだ名を付けていた。そのあだ名の由来は、こうである。ある時、私が自分の部屋にいると、同室のアメリカ人がベッドに寝そべって英語の読み物を読み出した。そして、時々「アッハッハ……」といかにもおかしそうに笑い出すことがあった。何だろうと思って見れば、「アリババと四十人の盗賊」の話ではないか。こりゃ面白い。それがヒントとなって、梶野氏も私もそのチョビひげで愛想のいいバッチャーを「アリババ」とおどけて呼ぶことにしたのである。ところが、我々が彼のことを「アリババ、アリババ」と呼ぶと、当の本人はどうもピンと来ないらしく「そりゃアジババだろう」と開き直った。なるほど「アジ」＝「ハジ」（メッカへの巡礼を果たした人に与えられる称号）で、「ババ」は「父」を意味するペルシア語である。「アジババか、それも悪くはないな」と我々。何せ、本人がそう言うのだから——。「アジババ」の由来は、ざっとこんなところである。

このアジババ氏は結構英語がうまく、いろんな話ができたが、ある時、話題が嫁さん（つまり女）のことに及んだ。「あんた方は何かね。やっぱり嫁さんを五人も六人も持てるのかね？　うらやましいもんだね」と我々が言うと、「とんでもない、旦那さん方！」と、彼は目を白黒させた。聞けば、この辺じゃ嫁さん一人をもらうのに、三万アフガニ（約十六万五千円）もの結納金を積まないとダメなのだそうだ。そこで、私はカーブルのアリフが言った言葉を思い出す。「この国じゃ、下級の公務員の給料は月に五百アフだよ」と——。それでいくと、「飲まず食わず」で全部貯めても、まるまる五年かかる。しかし、公務員になれる人間なんて、この国にどれだけいることやら。おそらく知れたものだろう。手頃な働き口がほとんどないこの国で、若者が金を貯めるのは大変なことなのである。だから、年頃の若い男でも嫁さんを持たないのはザラである。中近東にホモが多いのは、そのせいじゃないかと、時々私は思う。

「だから、嫁さんはたいてい一人だよ。とても、何人も持てる身分にゃなれないよ」

アジババ氏のその言葉には、なぜかしみじみとした実感がこもっているようだった。――なるほど。日本でイスラム教徒というと、すぐに「何人も嫁さんを持てていい」ということになるのだが、現実はそんなに甘くはないようだ。

私がそんなことを考えながら、アジババに同情していると、今度は梶野氏がトボけた顔でこんな質問をした。

「あんた達はどうかね。結婚前にナニはやらんのかね?」(ナニとは、もちろんセックスのこと)

すると、アジババ氏は途端に血相を変えたものである。

「――と、とんでもない。そんなことしたら、男も女も監獄行きだよ!」

「おい、聞いたか。こりゃ、ひでえ国だぜ!」と梶野氏が言う。「同感だね」と私。イスラムの世界は、思ったほど、男にとって楽ではないらしい。

「――それじゃ、日本の国じゃどうなんだね？」

次は、アジババの質問する番である。そこで、梶野氏がマジメくさって答える。

「そりゃ、フリー（自由）に決まってんじゃねえか」

「なに、フリーとな！」

アジババは、信じられないといった顔つきである。そして、色々聞いたあげく最後にこう言ったものである。

「――それじゃ、俺も日本へ行って嫁さん探しをやろうかな」

笑ってはいけない。アジババ、いや全アフガニスタンの男たちにとって、これは真に切実な問題なのだから……。

【補注】
ＩＲＡ（アイルランド共和国軍）
北アイルランドを英連合王国から分離させ、全アイルランドを統一することを目的とした武装組織。北アイルランドでのプロテスタント系武装組織や駐留英軍へのゲリラ攻撃だけでなく、イギリス本土でも爆弾テロを行ったことで知られる。

七　ツヨタを買いにクウェートへ

話好きなアブドゥル氏

　昼過ぎになった。いよいよ、私は梶野氏やアジババに別れを告げ、バスに乗る。しかし、乗り込みはしたものの、バスはなかなか出発しない。その内、カデリバス事務所のおっさんがやって来て、名前を読み上げて一人一人の点呼をとる。

「ムスタファ？」

「はい！」

「ムハマッド？」

「――はい！」

　……てな調子である。それにしても、車内がいやにザワザワしている。出発時刻がきたのに、まだ来ない客が一人か二人いるらしい。この分だと、ヘラートへ着くのも遅くなりそうだ。カンダハル～ヘラート間は五百六十五キロメートル。ただでさえ、一昨日のカーブル～カンダハル間より百キロ近く長いのだ。結局、待つこと一時間半近く（！）、ようやくその客を見つけて来て出発である。

ところで、私の隣に座った男は少しばかり英語が話せたので、それからヘラートへ着くまでの長い長いバス旅行の間、退屈しないでよかった。バスの座席は満席。いかに、こうした長距離バスが人々の日常の大事な足になっているかがわかる。しかし、きょうの車内には見渡したところ、他に私のような旅の日本人や欧米人の姿は見えない。だから、片言の英語で話しかけてくれた隣人には有難かった。

彼は「アブドゥル」と名乗った。今から、なんとイラン経由でクウェートまで行き、そこで「ツヨタ」を買って来るのだという。「はて、ツヨタとは？」私は、何のことかと一瞬考えた。ところが、話をする内、それが日本製の自動車だとわかり、「あっ、トヨタのことか！」と気づいた。アブドゥル氏は、とにかくトヨタを絶賛してくれる。「ツヨタはいい、いい、ツヨタはいい」という調子である。日本を遠く離れたこのアフガニスタンで、日本製品をほめられるのは悪い気分じゃない。アブドゥル氏によれば、クウェートには毎月三千台もの日本車が陸揚げされているそうだ。

確かに、日本製品は一部の分野でこの国にも確実に浸透してきている。とりわけ、サンヨー、ソニー、ナショナルなどのラジオカセット類、それにホンダ、ヤマハ、カワサキなどのオートバイなんかが幅を利かせていた。

たどたどしい英語ではあったが、このアブドゥル氏、一見どこか田舎町の自動車修理屋のおっさんという感じにもかかわらず、結構最近の世界（特に政治）情勢に詳しく、また関心を持っていたのには驚いた。こんな所で日本人に会えたのを幸いとでも思ったのか、

「日本にはいくつ政党があるか？」

「日本の与党の名前は？」

「国民は政府とアメリカの今の関係を支持しているか？」

「日本の共産党は中国やソ連と仲がいいか？」

と、矢継ぎ早に尋ねてくる始末。おまけに驚くなかれ、このアブドゥル氏、我が「日本赤軍」の存在すら知っていて「あの赤軍グループの連中は、どの政党に属しているのかね？」と言って、私をびっくりさせた。それにしても、中近東の人間がこんなに政治情勢に敏感だったとは意外である。どう考えても、日常の悠然（？）とした彼らの生活態度からは見当もつかないことである。そう言えば、七一年にトルコとシリアを旅した時、フランス人の旅行者が私に警告してくれたものである。「中近東の人間は政治の話が好きだから、なるべくそんな

話には深入りしないようにしろ。ヘタをすると、それがもとで殺されることだってあるぞ」と。

アブドゥル氏の質問は続く。

「アフガニスタンから東京まで、どうやって行けるか？」

「日本までどれくらい旅費がかかるだろうか？」

「東京のホテルの泊まり代はいくらかね？」

「食事とかチャイはどれくらいかな？」

「日本でツヨタを買うと、いくらぐらいするのかな？　あんたのそのカメラは……？」

これでは、こちらもいい加減お手上げである。なんぼ私が日本人とはいえ、いちいち日本円をアフガニに換算できるものか。面倒くさくなってドルで答えると、アブドゥル氏はそれでも、一生懸命上を向いてアフガニに換算している。

再び嫁さんをもらう話

「ところで、あんた方は嫁さんをもらうのにどれくらい金を積むのかね？」

今度はこっちが質問する番だ。

「……そうさな、ざっと五万アフ（約二十七万五千円）ってとこかな」

「ほう、そんなに高いのかね！」

バーバワリホテルのアジババは三万アフぐらいだと言ってたのに。

「まあ、だけど、それは村の方でのことで、町へ行けば少しは安いよ」

なるほど。村の方がそういうことにうるさいのかも知れない。

「――ここの女の子は、みんなベールをかぶって顔が見えないけど、結婚するまで見られないんじゃ、男も困るだろうな？」

「そりゃそうさ。そのために、前もって男の方の母親が息子の代わりに相手の娘の家へ出かけるのさ。家の中なら、女同士顔を隠す必要はないから、じっくり相手の娘の顔も見て来れる。そこで、母親は家に帰って、早速息子に報告するのさ。あそこの娘はどんな風だったかってね。それでよけりゃ、男も向こうの娘をもらうことに決めるのさ」

「ふーん、なるほど。そりゃうまいやり方だ」

確かに、イスラム圏では女は普段ベールで顔をおおい、夫以外の男に素顔を見せない。しかし、女同士で家の中にいる時は別だ。世の中、実にうまくできてるもんだと思う。

従来、女性がベールで顔を隠すのは、イスラム圏ではごく当たり前のことだったが、近年少しずつそうした習慣も変化してきてるようだ。現に私はアフガニスタンのカンダハルでも、パンタロン姿のイキな格好の若い女学生たちを見かけた。イスラム圏でも、トルコはかなり早くからベールを取る動きが見られたが、今やアフガニスタンにもそういう時代が若い世代を中心として到来し始めている。しかし、今のところ、それも都市部のことで、地方の農村部はまだまだ昔のままの習慣が根強いのではないだろうか。

アフガニスタンのクチ（遊牧民）たち

アブドゥル氏はしかし、なかなか親切な男であった。途中、持参の砂糖菓子（「ノッコン」とかいう名だそうだ）をくれたり、水筒に詰めたチャイを飲ませてくれた。

カーブルからカンダハルまでの光景も荒涼としていたものだが、このカンダハル〜ヘラート間は、さらにそれ以上である。南の方は、ただただ果てしない大砂漠がどこまでも続いている。時折、その地表に白く光っているものが見える。岩塩であろうか。道は二車線のアジア・ハイウェイだが、このカンダハルから西のヘラートに至る区間はソ連の援助によって作られたコンクリート舗装の道路である。途中、何本かの川に出会うが、すべて立派な橋がかけられている。

どこまで行っても荒涼とした砂漠の野の中に、時たま羊の群れやラクダを連れた遊牧民たちの姿を見かけるのは、このあたりである。遊牧民のことをここのダリ語(アフガニスタンで用いられているペルシア語)では「クチ」と呼ぶ。黒いテントが、その目印である。白や黒の色をした羊の群れが、遠くゆるやかに起伏した丘の中腹で点々と散らばって草を食んでいる光景は、ここらの単調さを破る唯一のものかも知れない。群れのそばには、クチの忠実な番犬が必ずと言っていいほど付いていて、その大きな犬が、時には走るバスに猛然と飛びかかって来ることがある。大きさが小馬ぐらいのもいるので、中で見ている私でさえギョッとしてしまうことがあった。車だからいいようなものの、自転車なんかでこのあたりを走破するような旅行者(ほんのまれに、そういう勇敢な人物もいるそうだ)は、どんな目に遭うだろうと、つい心配になる。

アブドゥル氏によると、クチ達は冬は南の暖かいこのカンダハル周辺やジャララバードで過ごし、夏は北の涼しいバーミアン、カーブル、マザーリシャリフで過ごすという。羊の群れを連れたクチの姿は、アフガニスタンの一つの象徴なのである。彼らは一年中、アフガニスタンから時にはパキスタンにかけての一帯をぐるぐる回って移動して行くのだ。

昔は、よく旅行者がこうしたクチの襲撃を受けたことを聞いたが、なるほど、こんな砂漠の真ん中で一人や二人殺されても、車がそんなに通るわけじゃなし。また果たして、この国の警察や軍隊がどの程度頼りになることやら。そうなったら、人知れず永遠に砂漠の土となるだけかも知れない。人間の命など、まったくはかない。今でも、そういう意味では中近東の旅は恐い。

祈りのために臨時停車

日没近く、バスはナマーズ（お祈り）のために止まった。運転手が先導して、ゾロゾロ乗客が降りて行く。ハイウェイのそばの草っ原の中で何列かに並び、イスラム教の聖地「マッカ」（「メッカ」のことを、ここではそう言う）に向かってお祈りを始めた。車の中に残って見物するのは、仏教徒である日本人の私と何人かの子ども達だけである。何やら悪い気もするが、今さら、こんな所で浄土真宗のお経を唱えてみたって始まらない。ただ珍しそうに見物するだけである。しかし、イスラム教というものは、考えてみると実に不思議なものだ。このバスの客にも、パシトゥーンにハザラ、タジク……といろんな民族が混じり合っていれば、お互い全然住む所も違う初対面の人間ばっかりだろうに、運転手（この人が、このバスでは一番偉い人物ということになる）の一声で、みんなおとなしく後についてナマーズに加わる。そして、誰かがイマーム（先導師）になって、一斉に礼拝を始めるのだ。見ていて、その動作が実によく揃っている。西はモロッコから中近東を経て東はフィリピンあたりまで、多種多様な民族をこのようにして包み込んでしまったイスラム教――その不思議で巨大ともいうべき力を、私はそのナマーズに見る思いだった。

そう言えば、イスラム教徒にとって人生最大の夢は、死ぬまで一度でいいから聖地メッカ（サウジアラビア）への巡礼を果たすことにあるという。かつて私も七一年の旅の際、テヘラン（イランの首都）からメッカへ巡礼に行く途中のイラン人に会ったことがある。私は、純白のターバンを頭に巻いた、そのおっさんと灼熱のトルコ＝シリア国境をてくてく歩いたものである。私は、その巡礼氏から大変世話になった。そのイラン人は、テヘランからバスやタクシー（日本のタクシーを連想してもらっては困る。中近東では、庶民にとって非常に安く手軽に利用できる交通機関なのである）を乗り継ぎ、ひたすらメッカを目指していた。たとえ途中にどんな危険が横たわっていようと、そして、途中で野垂れ死ぬことがあろうと、イスラム教徒はそれを恐れはしない。どんなに貧乏で、乞食同然の生活をしている者でも、有り金

バスの中から望む平原の日没

残らずはたいてメッカへの旅に出る。砂漠を越える千里の道もいとわず、メッカ巡礼を夢みて彼らはひたすら歩き続けるのだ。かつて、大谷探検隊の橘瑞超も明治四十三年に中央アジアのとある場所で、はるか彼方メッカを目指して旅を続ける年老いたトルコ人に出会い、その姿に心を打たれたという。なんと不思議な力を持つものであろうか、イスラム教というものは！

我々のバスの中にも、実は何人かメッカへの巡礼を果たした老人たちが乗っていた。彼らは、故郷に帰ればメッカ巡礼を果たした者だけに与えられる「ハジ」という称号で呼ばれ、尊敬されるはずである。交通機関の発達していなかった古い時代には、メッカ巡礼も馬やラクダ、時には徒歩で何ヵ月もかかって行われたものだろうが、アブドゥル氏によれば、バスの中のハジたちは飛行機でメッカ巡礼を終えて来た人たちだという。そう言えば、ハジのじいさんたち、何やらトランクのような荷物を網棚の上にのせている。なるほど、メッカ巡礼も時代と共に変わる。それにしても、いったいどれくらいの金を使ったものかは知らないが、日頃つつましい生活をしているアフガニスタンの人々にとって、飛行機に乗るなどということがどれだけ大変なことかは察するに余りある。

「アッラーは偉大なり、アッラーの他に神はなし」というが、異教徒に過ぎない私でさえ、彼らが行うナマーズの光景には何か心打たれるものがあった。

砂漠のチャイハナ

日が沈んでしまうと、バスはまったくの黒い闇の中をひた走る。遠くでチラチラと火が揺れているのを見ることがある。きっと砂漠の中にテントを張るクチたちのたき火に違いない。何となく、不気味な感じである。

午後八時過ぎ、突然バスが止まった。有難い。どうやら晩メシのようだ。空腹をこらえていただけに、やっぱりうれしい。近くに、何台ものバスが止まっている。ハイウェイのそばのチャイハナの前である。こういう所のチャイハナは日本のドライブ・インのようなものだが、別に一般の家と違った格好をしてるわけではない。例によって、厚い土壁の平屋である。中へ入ると、裸電球がまぶしい。奥行きは結構あって、いくつにも仕切られた部屋にはちょうど他のバスの客も入っていて、満員の盛況である。モタモタしていると、座る場所がなくなる。私はあわてて、入口に近いテーブルについた。

「おーい、○○はまだか！」

「チャイはどうした！」

と、あちこちで客が何やら怒鳴っている。そんな客たちの間を三、四人の小学生ぐらいの少年がお盆を持って走り回る。中近東はどこでもそうだが、女性のウェイトレスなどという気の利いた者はいない。すべて少年のウェイターばかりである。

ところで、いったい俺の注文はどうなってるのだろう。いっこうに、注文を聞きに来る気配がない。あたりを見回せば、他の客はみな食事の真最中である。さては、忘れ去られたのかと思いきや、間もなくお盆にのった料理が運ばれて来た。見れば、内容はまわりの客と同じである。すると、ここの「定食」なのかも知れない。メニューは「パラオ」と呼ばれる肉入り焼飯、羊肉・ジャガイモの煮込み、それに「ナーン」と呼ばれるパンである。

ところが、どうしたことか、あるべきはずのスプーンがない。「おやっ?」と思って他の客を見れば、なんとすました顔で手を使って食べている。——こりゃ、参った。しかし、こうなったら「郷に入れば郷に従え」である。早速、私も見よう見まねで試してみる。他のアフガン人たちはさすがに手慣れたものだが、こっちは生まれて初めてとあって、まったく四苦八苦である。それでも、どうにか夢中で食べ終えて、値段を聞くと十七アフ(約九十四円)というから安いものである。

ときに、ここらの砂漠にあるチャイハナのトイレはどうなってるのか? と好奇心を持たれる人もあるかも知れない。答は実に単純明快。みんな戸外で用を足すのである。なるほど、それもそのはず。広大無辺の砂漠の中で、日本的な狭い空間などは不要である。しかも、星の降るような澄んだ夜空が上にある。冬の砂漠で見る夜空ほど、この世ですばらしいものはない。外へ出て用を足しながら私はつくづくと満足感をかみしめていた。

深夜のヘラート到着

こうして、バスは再び走り出した。ウトウトする内、目的地へラートに着いたのは十時半になってからである。なんせ深夜のこと。どこか広い通りに面したチャイハナの前には違いないが、初めて着いた私には西も東もわからない。ただ、通りがやたら広々としてることと、まわりがなんとなく落ち着いた家並みであることから、中心街ではなさそうだとわかる。しかし、困ったことに、どこを見回してもホテルの看板なんぞは出ていない。

さあて、どうしようかと考えながら、他の客についてゾロゾロとバスを降りると「マイフレンド、今から宿をお探しになるんじゃありませんか？」と、たどたどしい英語で声をかけた若者がいた。私は一瞬目を疑った。彼が、まるで日本人そっくりの顔をしていたからである。モンゴル系のハザラ族のようである。「うちのホテルにはきれいな部屋と熱いシャワー、それにレストランもあります」と言う。「宿の名前は？」と聞くと、「モナレス」とか言った。それなら、今朝カンダハルを出る前にバーバワリホテルのレストランに現われたイギリスの若者が推薦してくれたホテルではないか。

「よし、決めたぞ！　連れてってくれ」と言うと、ＯＫとばかり、他にもう一人アフガン人の客も一緒に連れて三人で宿へ向かうことになった。聞けば、欧米の連中も何人か泊まってるそうだ。そりゃ、にぎやかでいい。

「私の父は、ジャパニーズなんですよ」

突然、案内の若者が私にそう言った。

「本当かい、そりゃ？」

信じられないことである。このヘラートに日本人が住んでるというのか。まさか？　とは思ったが、確かに若者の顔付きは日本人のそれだ。いったい、どんな日本人がこの若者の父親なんだろう。もし、それが本当だとしたら、どうしてこのヘラートくんだりまでやって来て、住みつくようになったのだろう。私は、この不思議な話に非常な興味を覚えた。

宿までは随分距離があるとみえ、途中で若者が馬車をつかまえてくれた。タクシー代わりの乗合馬車が、こんな夜ふけにも町の中を走っているのである。アフガニスタンへ来て、馬車に乗るのは初めてだ。私は少々ロマンチックな気分になりかけた。ところが、この馬、どうも今夜は機嫌が悪いのか、突然あらぬ方向へ駈け出した。馭者のおやじは、一生懸命にUターンさせようとするが、当の馬は言うことを聞かない。結局、我々はしばらくの間全速力で突っ走る馬車の荷台に必死でしがみつくことになった。いくらなんでも、こんな所で振り落とされようものなら、死んでも死にきれない。その内、ようやく馬をなだめすかして宿に到着。

だいぶ町はずれのようだ。一泊が二十五アフである。宿のおやじは、なるほどチンギ

ミナレットホテルの前から市の中心を望む

ス・カンの子孫みたいなヒゲをはやした男だったが、日本人などではない。モンゴル系のハザラ族である。「これが、私の父親だ」と案内の若者が得意そうに言う。何のことはない。彼は、モンゴル民族＝日本民族と頭から思い込んでいるのだ。このおやじ、私を一目見て「よくぞ来てくだすった」と大変な歓待ぶりである。そして、ああ何たることか。私を称して「ミスター・チャンギスハーン」と言うではないか。チャンギスハーンは言うまでもなくチンギス・カンのこと。考えてみれば、おやじもモンゴル系なら、こっちもモンゴル系。お互い昔の御先祖様にめぐり会ったような具合で、悪くはない。このおやじ、もしかしたら文永・弘安の役のことを忘れているのでは――と思いながら、私は握手を交わしたのだった（その後、おやじは何かにつけて私を「ミスター・

チャンギスハーン」というあだ名で呼ぶことになる)。

宿には沢山の部屋があったが、私はアメリカ人の若者がいる部屋に案内された。その若者の名はスティーブ。ルイジアナ州出身で、ヨーロッパからこっちへ来たところだそうだ。驚いたことに、彼のベッドの下には、寝袋やギター、それに大小さまざまの本などが一面に散らかっていた。それもそのはず。聞けば、ここにはもう二週間もいるという。一見、ヒッピーのようにくたびれた感じの男だが、話してみると、他のアメリカ人同様なかなか陽気な性格で、すぐに意気投合してしまった。

宿の消灯は十二時半。部屋の中は、薪ストーブの火に照らされて赤くなる。とうとう来たんだ、ヘラートに。私は今、西の果て「ヘラート」にたどり着いたという、しみじみとした感慨に浸っていた……。

【補注】
大谷探検隊
浄土真宗本願寺派第二十二代法主、大谷光瑞が派遣した中央アジア探検隊。明治から大正初めに三回行われ、橘瑞超は第二回と第三回に参加した。

八　古都ヘラートの日々

廃墟のチビッコギャングたち

翌朝、早速スティーブにここの名所旧跡を教えてもらう。ヘラートには、いくつかの見逃せない名所がある。一つは、町のはずれにそびえる壮大なミナレット（尖塔）の残骸。それに、町の中心にある古城などである。初め、私はここのホテルの名を「モナレス」と思っていたが、よくよく聞いてみると「ミナレット」だという。スティーブによると、有名なミナレットはここの宿のすぐ裏手だというから、大方それにちなんで付けた名前なのだろう。

ともかく、見物が先だ。外へ出ると、途中の小路でここの子ども達が男女入り混じって遊んでいた。私がカメラを持ってるのを目ざとく見つけ、「撮ってくれ」とうるさくせがむ。「いやだ」と言うと、急に彼らの態度が変わり、バラバラと石ころが一斉に飛んで来た。こりゃひどい。前にトルコを旅した私の先輩がそこの子ども達から中国人と間違われ、石を投げられたことを聞いたが、写真を撮ってくれぬから石を投げるというのも実に乱暴な話だ。ほうほうの体で、どうにか町はずれのミナレットの下までたどり着く。なるほど、そこにはまさしく巨大なミナレットの残骸が立っていた。これこそ、かつて栄えたチムール帝国の夢の跡である。いずれも、かなり損傷が激しく、尖塔の上部は崩れ、塔の表面を飾っていた色タイルも大半が欠けてしまっていた。しかし、わずかに残存している表面から察すると、かつてはどんなに鮮やかな色を放っていたことだろうと思われた。

ここで、「チムール帝国」について、簡単に述べておく必要があるだろう。モンゴル帝国時代、中央アジアに現在の東西トルキスタンの大部分を領土とするチャガタイ汗国という国があった。これはチンギス・カンがその第二子チャガタイに与えたものであったが、その後十四世紀になると、パミールを境に東西に分裂を遂げてしまった。この時の混乱の中から登場して来る人物がチムールである。チムールは、チャガタイ汗国の衰えに乗じてトランスオキシアナを制圧し、一三七〇年にはサマルカンドに都する。そして、イル汗国（モンゴル帝国の四汗国の一つ。始祖はチンギス・カンの孫フラグで、ペルシア方面を領していた）やキプチャク汗国（やはりモンゴル帝国四汗国の一つ。始祖はチンギス・カンの孫バトゥ。西シベリア及び東ヨーロッパ方面を領した）を討ち、一四〇二年にはアンカラにオスマン＝トルコの軍勢と戦ってバヤジッド一世を捕えるなど、一躍中央アジアの覇者となるに至った。しかし、チムール自身は一四〇五年中国の明を討とうとして東方に向かう途中病死したといわれ、帝国はヘラートのシャー＝ルフ（チムールの子）に受け継がれて行く。この時点で、チムール帝国の首都はサマルカンドからヘラートに移り、ついにこの町が西アジアや中央アジア一帯に君臨することになる。今に残るミナレット群は、その栄光の時代の名残りなのであった……。

ところが、そんな感慨も束の間。いったいどこから現われたのか、いつの間にやら四、五人の——一見してそれとわかる——悪童たちが私を取り囲んでいた。顔付きからすると、どうもここの人間ではなさそうだ。一人の男の子の言葉は、まるでイタリア語みたいにも聞こえる。中には洟を垂らした女の子が一人いる。手に色タイルのかけらを持っていて「このミナレットのものだから、買え」と言う。男の子たちは手にマリファナやらハッシシを持っていて、やはり「買ってくれ」とせがむ。何せ、実にうるさい連中だ。ジプシーか、それともクチの類なのだろうか。やたらしゃべっては、私の身体を小突く。これじゃ、まともにゆっくり見物もできない。「わからん、わからん」と、なるべく大声を発しながら振り切ろうとするが、そこは連中も慣れたもの。ダニみたいにくっ付いて離れず、しまいにはナイフまで振り回す始末である。仕方がないので、手早く撮りたい写真だけ撮って、

巨大なミナレットの残骸

下から見上げる

またしてもほうほうの体で退散することになった。ひどいチビッコギャングどもだ。とにかく、中近東では子どもにも気を許せない。

——考えてみれば、このアフガニスタンという所で、歴史的な遺跡というものは、まったくここの国の人々の評価を受けてないのではあるまいか。ひょっとすると、どこか遠い国から来た見知らぬ連中が昔造って行ったもの——としか考えられてないのかも知れない。とにかく、この中近東のように過去何千年にわたり幾多の民族が幾多の興亡を繰り返した所では、日本人的単線思考の歴史観をもってしては、到底何物をも図り知ることはできない。日本人にとって、日本国内に残る歴史的遺跡はすべて過去の日本人と何らかの関わりを持っている。しかし、ここでは違う。今、現実に住んでる者にとって、そこに残る何かの遺跡は、彼らの祖先と何の関係もないかも知れない。アフガニスタン自体、いくつもの民族が混在してる国なのだから。

ミナレットを見たあと、今度は町の中心へ出かけてみた。町の中ほどには、ミナレットと共にこの町の目印とも言うべき古城が丘の上にそびえている。過去の厳しい歴史を物語るかのように、ほとんど城壁なども半壊の状態だが、一部に残る円塔や城壁は今だに堂々と周囲を圧するかのようだ。西欧の石造の城と違い、土で固めたこの城壁にはしかし、なぜかアジア的な暖かみを感じてしまう。

折から、古城の近くの広場では露店の市が開かれていて、にぎわいを呈している。曇った冬空の下で見る赤や黄色の果物の山は、実に色鮮やかなものとして私の目に映った。

ところで、露店はこの町にも結構出ていた。私はここで少しばかり古い貨幣(コイン)を仕入れようと考えた。どこの店にも、必ず古くさそうなコインが並べてある。ある通りで、私は敷物の上に骨董品を広げている若者に呼び止められた。試しにのぞいてみると、アフガンのコインに混じって、こともあろうに我が日本国の五円玉と十円玉があるではないか！　しかも、よくよく見れば他にもドイツのペニッヒ（現在使用中）やなんかも並べてある。而白いことに、この若者はそんなことは何も知らない。みんな古いコインだと思い込んでいる。しかも、どこの国のものかも知らなかった。

「おい、こりゃ何だい。これは日本で、そっちはドイツの金じゃないか！」と言うと、若者は「へえー、そうなんですか」という顔をする。さすがにシルクロードの古い町だけはある。こんなアフガニスタンの町の片隅で、遠い日本やドイツのコインが取り引きされ、売られているのである！

しかし、この無知な若者にいったいどんな日本人やドイツ人が、現在使用されてる円やペニッヒのコインを売りつけて行ったのだろう？　おおかた、ヘラートを通った、私のような貧乏旅行者だろうが、考えてみれば、本当におかしな話である。

モスクと緑の存在

古城の東南には、この国で最も美しいといわれる「マスジッド・ジャミ」（金曜日のモスク）がある。十三世紀に造られた回教寺院である。建物の外側に見られる色とりどりの美しい模様が実にすばらしく、訪れる人にため息をつかせずにはおかない。入口をウロウロしていると、やはりここも門番は警官か兵士なのだろう。制服を着た人物がやって来て、中へと通してくれた。入場料は二十アフ。前のカンダハルのバーバワリホテルの一泊代と同じである。

回教寺院はどこでもそうだが、ここでも中に入る前は靴を脱がなければならない。写真の撮影は自由だった。中庭を囲む建物も、これまたすばらしく美しい装飾で飾られている。そして、それらの建物に囲まれた中庭の石畳の陽だまりには、礼拝に訪れた老人たちが座っている。外のごみごみした町中に比べ、ここはどうだ。まるで、そうした外界の俗世間からは隔絶されたような空間に思えるのである。

一見、装飾過剰とも思えるこうしたモスクの存在も、いったん町を出れば何日も荒涼とした砂漠の中を旅し続けるこの国の人達のことを考えると、やはり必要なものかも知れない。まわりに緑も、家も、人もほとんど見当たらない荒漠とした大地で暮らす人々にとって、こうした別天地のような甘美さに満ちた「モスク」という空間は、心に安らぎを与えるものには違いなく、それこそが厳しく苛烈な風土に耐える、アフガン人の心の背景にあるのかも知れない。

アフガニスタンのような土地で暮らす人々が、見かけからは意外なくらい、おだやかな内面を底に秘めているわけが私にはつかめたような気がした。

それにしても、このヘラートはすてきな町だと思う。何と言っても、大通りの両側の松の並木がいい。この並木道がヘラートにすばらしい品格を与えている。こんもりと茂る緑こそは、砂漠をいく日も旅した旅人に最大の潤いをもたらしたものに違いない。この緑の並木道と古城、それにマスジッド・ジャミやミナレット群をちりばめたヘラートこそは、アフガンの古都——日本ならば京都——と言うにふさわしい。

マスジッド・ジャミ（金曜日のモスク）

我々日本人にとって、緑はまさに生活の一部であり、緑のない生活など考えられそうもない。だから、私がこのアフガニスタンへ来て、ほとんど緑のない世界を知った時、どれほど緑というものの有難さを感じたかはわかってもらえると思う。事実、アフガニスタンでは、町中だとわずかながらも緑の木は見ることができるが、町と町の間の長大な沿道に木々の緑を発見するのは、なかなか難しい。家も、大地も、すべてただ「黄褐色」の世界なのである。

カーブルから来た我々のバスが、カンダハルの郊外に着いた時のことを私は思い出す。一日中、砂漠のような所を走りづくめて、初めて目にしたわずかな木々の緑に、思わずポールは「オー、スィヴィライゼイション（文明とか文明社会の意）！」と叫んだものだった。確かに我々は木々の緑もない、荒涼とした大地の上を走り続けて来た。そして、初めて、町の郊外にさしかかった所で、道の両側にわずかではあるが緑の茂る木々を見たのだった。その緑のなんとすばらしかったことか！　とうとう、砂漠から解放されたという実感と、人々の集まり住む所にたどり着いたという気持ちで一杯だった。もちろん、こうした並木の維持には、大変な努力が払われているはずである。そこに私は砂漠に住む人々の緑への愛着を思うのであった。

ヘラートの夜

夕方、ヘラートに着いて初めての熱いシャワーを浴びる。実に爽快である。同室のスティーブが夕食に行こうと誘ってくれたので、今夜は彼に同行することにした。何せ、二週間もここにいる「ヘラートの主」のような男のこと。試しに「どこかで生の民族音楽を聞かせる所はないかな?」と聞いてみたら「ああ、知ってる。町中にあるよ」と言うので、これは願ってもないチャンスとばかり連れて行ってもらうことにした。

何と言っても、アフガンの民族音楽の演奏を聞くのは、今回の探検の一つの大きな目的である。そのために、私ははるばる日本から新調の小型カセットテープレコーダーを持って来たのだ。しかし、このヘラートへ来るまでは、なかなか実際に演奏してる場にめぐり会うこともできず、実は正直言って、ついに録音できずに帰るのかと半ばあきらめていたところだった。

「まず、その前に夕食だ」と言うので、スティーブと共に、彼の知ってる安くてうまいというレストランへ向かうことにした。途中、通りに面した他のホテルへ入り、スティーブの友人だという連中二人(内一人はアメリカの女の子)と落ち合う。四人でチャイを飲み、世間話をしていたが、その内一人が「ハッシシをやろう」と言って、みんなで回しながら吸い出した。それが、まるでタバコでもやるように、何とも気軽な仕草なのだから驚く。そばで見ていると、三人がいつの間にやら陽気な冗談を飛ばし合っている。話す内容も、だんだん怪しくチグハグになり、酔ったようにとろんとした眼つきになってきた。

ハッシシで景気づけをして、「さあ出かけるぞ」とばかり、四人で町中へ出る。もう外は暗い。目ざすレストランは、大通りのちょっと裏だった。暗い路地をたどると、二階へ登る階段がある。その登り口に、女が一人うずくまって何やらつぶやいている。チャドルですっぽり体を包んでいて、年はわからないが「ワン　アフガニ　バクシーシ、ワン　アフガニ　バクシーシ……」(一アフガニお恵みください)と、休むことなくお経のように口の中で唱えているのであった。すると、スティーブの友達だという女の子が、それに合わせて「ワン　アフガニ　バクシーシ、ワン　アフガニ　バクシーシ」と面白おかしくやり出した。どうやら、その女乞食はいつもこの場所にいて、彼女とも初対面ではないらしい。

レストランは思いの外広々としており、沢山の客がテーブルについてにぎやかだった。さっきの暗く、じめじめした路地とは正反対に、電灯が煌々として明るいことこの上もない。真ん中のテーブルに座って、スティーブが「いつものもの」を注文する。来たのを見れば、例のパラオにショルワ(スープ)である。この店では、これが一番安くて、しかも食べごたえがあるという。

なるほど、運ばれて来たパラオは大きな皿にこぼれんばかりだ。こりゃすごい。次に、スプーンが来た。ところが、それが実に奇妙なのだった。ウェイターのおやじは、スプーンを湯を満たした大きなドンブリの鉢の中に入れて持って来たのである。

――はて、これはいったいどういう食べ方をするんだろう？　私が不思議そうな顔をしていると、スティーブの友人がハッシシで酔った顔でニャッと意味ありげに笑い、「いいかい。こうすりゃいいのさ」と見本を示してくれた。彼は、まず熱い湯の中からスプーンをつまみ上げる。そして、今度はそいつを自分の上着の端でキュッ、キュッと拭ってみせたのだった。

「ここじゃ、いつもこんな具合に――！」と三人は大笑いする。スティーブに言われて、よくよくその湯の中のスプーンを見れば、なんと食べ物のカスがまだこびりついたままではないか！　三人の話では「ここじゃ、いつも使ったスプーンは洗わない。前の客が使ったものをそのまま湯の中に突っ込んで、次の客の所へ運ぶ」のだという。あきれた話である。しかし、まあ考えてみれば、熱湯消毒ということになるのかな。おお、アッラーの神よ。アフガニスタンは我々日本人には信じられないことの起こる国には違いない。

ワイワイにぎやかに食べているところへ、今度は驚いたことに日本人の男女二人とヨーロッパ人の男女二人がやって来た。彼ら四人は、我々の隣のテーブルに座って食事を始めた。面白いことに、日本人の二人は私を同国人だとは思ってないようだ。それもそのはず。私の方もいい加減ヒゲも伸び、スティーブたちとは英語が共通語なのだから――。

どうやら四人とも、同宿の連中らしい。スティーブたちとも親しそうに話をしている。そう言えば、宿のバッチャーが言ってたっけ。「日本人の男と女が泊まってるぞ」って。結局、スティーブの提案でその日本人男女二人も我々に同行して音楽を聞きに行くことになった。

通りに出て、初めて私は日本語で彼らに話しかけた。すると、二人ともびっくり仰天している。「あれっ、日本人だったんですか！」ときた。しかし、アフガニスタンの西の果て、ヘラートの町で夜中に日本人が出くわすというのも愉快だ。

その音楽喫茶（とでも言おうか）「コー・イ・ヌール」（「光の山」の意）は、大通りに面した二階の小さな部屋であった。店の中の壁には、クリスマスの飾りみたいにやたらケバケバした色の電球やなんかが下がっており、さきほどのレストランとは一転してうす暗く、何やら妖しげな雰囲気が漂っていた。そのこぢんまりした店の中には、床一面にじゅうたんが敷かれ、客は壁際に並べられた座布団に座る。店は、この町の若い男たちが経営しているのか、四、五人が愛想よくサービスして回っている。タバコの煙に濛々とした店内をぐるりとながめると、どうもここはヘラートに滞在中の外国人旅行者（ほとんど欧米の若者たちだ）の夜のたまり場といった感じである。ここの土地の男の姿は、店の者の他には見られない。入口に近い窓際の席には、楽器を携えた男が二人座っている。妖しげな雰囲気にもかかわらず、何やら日本のジャズ喫茶の一隅にいるような気がして、私は不思議な安堵感を覚えた。スティーブはと見れば、ここへ来てどこからか読物を取り出し、タバコをふかしながら一心に読み出した。見かけによらず、思索的な男らしい。

日本人の連中と音楽を聞きながら、話を交わす。二人はロンドンにいたらしく、中近東を通って日本へ帰るところだという。大阪の男に東京の女という組み合せである。二人とも、これからカーブルを経てインドへ出る。「これから、イランですか？」と彼らが聞く。

「いや、もう帰る。あさって、カーブル行きのバスに乗るんだ」と言うと、二人とも信じられないといった顔付きである。

「だって、たしか一週間ほど前に日本から来たばかりなんでしょう？」

「ああ、そうさ。帰りは、カーブルから飛行機でデリーへ戻って、そこからまた飛行機でダイレクトに日本さ」

「へーえ、ええ身分やな！」

彼らがあきれ返ったのは、こんな荒れた砂漠と山ばかりの国に、日本からはるばる高い金を払って、飛行機で往復する「物好き」がいるということに対してである。しかも、わずか十日やそこいらの滞在なのだから——。ロンドンから、えっちら、おっちら何ヵ月もかかって日本まで帰ろうという彼らには、「ちょっとおかしいのと違うか」と思われても仕方がない。彼らをはじめ、大半の日本人にとって、トルコからアフガニスタンに至る国々は「シルクロード旅行」の通過国に過ぎないのだ。そんな彼らに、私の真意は理解してもらえそうもない。

彼らと中近東の情報を交換しながら、演奏を聞く。面白いことに、録音には先客がいた。でっかい日本製のラジオカセットを演奏家二人の前に据えて、一生懸命録音している男がいる。一見、電機屋のおやじといった感じである。どうやらこういう民族音楽のカセットテープを販売してるようだ。それにしても、こんな所で録音したのを売るなんて、日本じゃとても考えられないことだ。

ところで、このアフガニスタンをはじめ、中近東では日本製ラジオカセットの普及率はかなり高いようだ。ちょっとした男ならたいてい持っていて、バスの中でも市販の民族音楽のテープを鳴らしているのによく出会う。アフガン人達のこうした民族音楽に対する関

ヘラートの古城

心の強さがよくわかる。

二人の演奏者は名前をモラムダーウド、モラメディンといい、それぞれズィルバカリ（太鼓のようなもの）、デュタール（シタール）という楽器を使っていた。音楽自体は、ペルシアの方の系統のものだということだった。それにしても、やはり生の演奏は最高である。私は古きシルクロードの世界を想って聞き惚れた。

――ところが、である。その演奏の合間の休憩時に店内に流れたのは、なんとビートルズの「カムトゥゲザー」や「サムスィング」のテープだったのである。店の若者たちには、まさにそのビートルズが今のはやりというか流行の最先端らしく、しきりにメロディーを口ずさんだり、手を叩いたりという調子である。我々日本人の前から、かの有名なビートルズが姿を消してもう何年になるだろう。今や、全世界のロック界ではクラシック（古典）の部類に収まったかにみえた、「偉大なるビートルズ」が、ただ今、アフガニスタンはヘラートで大流行中なのである。考えてみると、アフガニスタンのこの種の音楽状況は世界の現状から五年ぐらいは遅れてるのかも知れない。これは、興味ある現象である。

ここのお客はしかし、欧米の若者たちばかりではなかった。深夜に及んで、何人かここヘラートの若い男達が店に入って来た。見かけは、いかにもイキな格好で、言うなれば「ヘラートのハイカラ連中」だ。ずいぶん陽気な連中で、その内一人が演奏に合わせて真ん中のじゅうたんの上で踊り出した。あとでその踊った青年と話したところ、彼はこの町の盲学校の教師だということだった。

考えてみれば、アフガニスタンの若いインテリ連中にとって、いろんな新しい知識や情報を仕入れるのは、こんな所でしかないのかも知れない。ラジオなんかで耳にするのは、ごく限られたものである。知識欲に燃えた青年たちに、こうした外国人旅行者のたまり場はかっこうの交流場を提供しているのだった。

その内、急に入口がざわめき出した。何事かと見れば、タバコやハッシシの煙で濛々となったこの店に、およそ場違いとも思える背広にネクタイ姿の男たちが現われたところである。

「おい、なんや偉そうな連中やな」と隣の大阪の男に言うと、彼はまるで動物的な嗅覚でかぎ分けたかのように、押し殺した声でこう言った。

「ありゃ、警察や。警察ですよ」

「なに、警察やて！」

そう言えば、物腰がおかしい。何やらヤバイ状況である。今の店内にはハッシシを吸ったりしてる連中もいることだし、長居はまずそうだ。

「出ませんか？」と大阪の男が言うので、こっちも十分に録音はすませたことだし、こうなりゃ、さっさとズラかるに越したことはない。そんなわけで、私も彼のあとに付いて宿に引き揚げることにした。


明日は大晦日。真夜中のヘラートは、びっくりするくらい静かである。それというのも、日本のように街灯一つ点いてるわけでもなし。ほとんどの家は灯も消えて、だだっ広い通りはまさに漆黒の闇なのだった。我々は、頭上の星空を仰ぎながら、その真っ黒な通りをトボトボ宿への道を急ぐ。……と、はるか前方の方から何やら軽やかな蹄の音と鈴の音が響いて来る。乗合馬車らしいが、灯一つ点けて来ない。大あわてで道の端の方へよけると、間もなく馬車が我々の横を走り過ぎて行った。夜のヘラートは、あまりにも静かな町なのであった。

雨のヘラート

十二月三十一日(水)。朝の天候は、あまりすぐれない。きのうと同じように、どんよりと濁った雲がヘラートの町をおおっている。日本だったら、このあとにひと雨来るところなんだが、しかしここは乾燥地帯の中近東。まさか、そんなことはないだろう——と思っていたら、その「まさか」が当たって、あっという間に土砂降りの雨になってきた。まさしく「雨」がきたのだ。しかも、きょうはくっきりと斜めに降りしきっている。アフガニスタンへ入国して初めての雨。町の人たちの傘をさして歩く光景が、宿の窓からながめられる。

スティーブはまだ眠っている。昨夜は、多分十二時過ぎになったのだろう。無事寝床に入ってるところをみると、どうやらきのうの深夜の客は警察じゃなかったのかも知れない。

それにしても、あの時「サッが踏み込んだ」ものと、あわてて逃げ出した自分がおかしくてしょうがない。

ところで、きょうは銀行へ出かける日である。きのう、スティーブから聞いた情報によれば、ここの銀行の両替は実にイージー（簡単）なのだという。とくにチェック（小切手）などときたら、カンダハルで言われたように入国時の所持金申告書を見せる必要もなけりゃ、パスポートさえ見ないというのだ。カンダハルでえらい目に会った私にすれば「ホンマかいな？」と疑いたくなるようなラッキーな情報である。

真偽のほどはともかく、この際手続きがイージーなら、それに越したことはない。銀行はカンダハルでこりごりだったが、「いっちょうアタックしてやるか」と出かけることにした。

ところが、外は土砂降り。仕方がないので、雨の中をマラソンして町中のバンク（銀行）まで突っ走る。建物に一歩入って、ドッキリ！　ここにも、剣付き鉄砲を持った兵士が中にいる。何とも異様な雰囲気である。しかし、手続きは実に思いの外スムーズにすんだ。窓口の係員は、私に「パスポートを見せろ」と言うこともなく、本当にあっけないくらいポンと二十ドルのチェックを両替してくれたのである。同時に、ここで私は初めてレシー

迷路のような小路

ト（領収書）を手に入れることができた。いったい、同じ銀行なのに、カンダハルと比べどうしてこうも手続きが違うのだろう。まったくもって不思議な国である。しかし、私はこれで正式に銀行で両替を行い、その証明書を得たのだ。とにかくめでたし、めでたしである。所持金申告証明書を持たずに入国したが、銀行で両替を行い、旅行を続けたのだということがこれで証明される。本当にひと安心する。

その銀行で、私はこれからオーストラリアへ行くというカナダ人の青年と知り合った。話をしている内、実は彼が同宿の、しかも私の隣の部屋の客だということがわかった。これも何かの奇遇。銀行を出てから「チーズを買いたい」という彼に付き合って町へ出る。雨の中を何軒か回ったが、ここでは彼の望むような固形のチーズを見つけることはできなかった。みんなドロドロした感じのものばかりである。

「雨のヘラートか」そんな言葉が、ふと口をついて出た。しかし、日本なら、さしずめ

「雨の京都」などというようなロマンチックな響きを持つこの言葉も、ここではまるっきり情景にそぐわぬものとして映る。彼が「バザールへ行ってみよう」と言うので、狭っ苦しい小路へ入り込んだのがまずかった。降りしきる雨に排水溝のない小路は一面に水たまりと化し、何やら得体の知れない汚物がそこいら中にあふれて浮いている。それが降った雨や泥土とミックスされて、一種異様な様相を呈しはじめていた。しかも、小路は入り組み、曲がりくねって、まるで日本の昔の城下町もこうであったろう、というような迷路である。どうやら道に迷ったらしく、ウロウロしていると、近所の子どもたちが「バクシーシ、バクシーシ」と言いながらまとわりついて来る。土砂降りとぬかるみで閉口しているところに、金までたかられるのだから、何ともやり切れぬ気分である。

ともかくアフガンへ来てからというもの、この「バクシーシ」という、喜捨を求める言葉には悩まされ放しの私のこと。いい加減に気分がむしゃくしゃしていたせいもあって、今度は私の方が反対に「ワン　アフガニ　バクシーシ、ワン　アフガニ　バクシーシ」（一アフガニ恵んでくれ）と、その男の子にやり返した。いつもお恵みを乞われ放しじゃ面白くないと思ったからである。

すると、その子は相手から反対にバクシーシを求められ、さすがにびっくりしたのか、少し戸惑いを見せたが、次の動作は逆に私を驚かせた。何とその子はポケットに手を突っ込み、そこから一アフガニを手のひらに載せて、私の前に差し出したではないか。

これには同行のカナダ青年も驚いた。「いいんだ、いいんだ。本気で言ったんじゃないから」と、私はあわててその子を押し止め、カナダ青年ともと来た道を引き返したのであった。まさかと思ったことが現実として起こり、それは私にもショックであった。

思いのほか、アフガンの子も根は純真なのだろうか。それにしてもポケットの中に金を忍ばせながら、なおも他人に「バクシーシ」をたかるなどということは、私のような日本人には理解できぬことである。

あの男の子は昨夜食堂の前にうずくまり、お恵みを求めていた女乞食とは違う。だいいち、恵んでもらわなきゃ食えないような限界状況には見えない。だけどアフガンの子ども達は小さい時からの習慣なのか、実に当たり前の顔で堂々と「バクシーシ」を要求する。イスラム世界では、富める者が貧しい者に施しを与えるのは「善」であり、当然のことなのだが……。しかし、今はその考え方も何かおかしくなってきているのではないか。本来の趣旨から変化しつつあることは確かなようだ。何やら複雑な思いを抱いたものだった。

ムサッラ（小礼拝堂）の老人

宿に戻り、ひと休みしたあと、もう一度きのう行ったミナレット（尖塔）の遺跡を見に出かけることにした。どうも宿の連中の話を聞いたり、ガイドブックを読んだりしていると、きのう見かけた五本のミナレットの他に、それがもう一本あるらしいのである。そこで、もう一回この目で確かめてみることにした。なるほど、よくよく見れば、こんもりとした林の奥に低く一本のミナレットの残骸があった。今度はあたりにうるさい子どもの姿はない。きょうばかりは十分に写真を撮った。

そのミナレットのある森の一角に、チムール帝国の女王、ゴワールシャド（チムールの子、シャー＝ルフの妃）の礼拝堂（ムサッラ）が残っている。確かに、これは大事なものを見落としていたようだ。マッチ箱型の建物の上に半球状のドームがのっかったような感じである。外見もかなりきれいな装飾である。十五世紀の建築という。

入口にはしっかりとカギがかけられているので、仕方なくまわりをうろついていると、突然、ムサッラのそばにあった小屋から一人の老人が現われた。掘っ立て小屋みたいに、今にも倒れんばかりで中は真っ暗。なんとなくうす気味悪いので、気にはしていたが、まさかと思ったそこから、じいさんが何やら言いながら出てきたのには驚いた。

しゃべっている言葉はわからないが、どうも私の案内をしようというらしい。ひょっとしたら、管理人のじいさんなのか。一つ覚えのファルシー（ペルシア語）で「ジャポニ、ジャポニ（日本人だ、日本人だ）」と自分を指して、ニコニコしてみせる。すると、このじいさん、ジャポニという言葉がわかるのか、どうなのか、大きくうなずいて入口の方へ歩いて行く。やっぱり、ここの管理人なのかも知れない、この乞食のようなじいさんは！しかし、色々しゃべってみるが、このじいさんにはどうも英語などまるで通じている風ではない。ともかく、じいさんのあとについて中に入ることとする。

中は表の装飾とは違い、思いの外ガランとした感じで、中央の床の上に高名な女王ゴワールシャドと、その近親の人のものであろういくつかの石棺が冷たく横たえられている。四方に小さな窓が設けられているが、中はかなり暗い。しかし、暗いながらも、上を見ればドームの天井は色とりどりのすばらしい模様が施されている。じいさんにカメラを指さして、「撮ってもいいかい？」と尋ねると、やはり無言で大きくうなずいた。そして、私が暗い中でパチリ、パチリとシャッターを切るのを隅に腰かけて、じっと見守ってるのであった。

じいさんの説明はしかし、まるっきり私にはわからない。多分ダリ語なのだろうが、床の上に並べ置かれた装飾のすばらしい石板を指さしながら、しゃべってくれた言葉の中で、「カーフィール」（異教徒）とか「ファルシー」（ペルシア語）という単語だけは、私にもわかった。ごく小さな建物だから、説明もそんなに長くはかからない。終わって出ようとすると、その小柄なじいさんは「バクシーシ」と言って私の前に手を差し出した。十アフガニを渡すと、じいさんは「テシェクル」（有難う）と言って、私の手を握りしめた。そして、入口のカギをしめると、再びトボトボもと来たうす暗い小屋の中へ消えて行ったのである。

ムサッラ（小礼拝堂）

——あの老人はこのムサッラのそばに住み、ムサッラを守り続けて静かに一生を終えるのだろうか。長年の風雪に耐えてきた壮大なミナレット。森の中に忘れられたように、ひっそり残る礼拝堂。そして、素朴なじいさん。それは、この乾ききった世界の中で経験した、数少ない情緒あふれる光景だった。この印象深い思い出は、私の脳裏から決して消えることはあるまい。

現代のキャラバンサライ

いよいよ、明日はこの思い出多い美しい町にも別れを告げることになる。宿のマネージャー、グラムから午後二時発のバスの切符を買う。なんでも、ヘラートからカーブルまで直行のバスなのだという。二時にヘラートを出て、一月二日の朝八時頃にはカーブルに着くそうだ。チケット代は百八十アフ。来る時に乗ったカデリバスよりも二十アフ安い。

初めは今朝発って、来た時と同じようにカンダハルで一泊して二日かけてカーブルに帰るつもりだったのである。ところが、ここのマネージャーの若い男によると、宿の前から直行便でカーブルまで行くバスが出るのだという。それなら、途中カンダハルで泊まらなくてもいいし、何と言ってもこのヘラートにもう一日余計に滞在できる。そんなわけで、思いきって明日の直行バスを選んだのである。

その晩、眠りについて真夜中頃、私は部屋の外のあわただしい人声や物音で目をさました。時計はおそらく十二時を回っていたのではないだろうか。ドヤドヤと大勢の人間が到着したようだった。宿の前に車の止まる音がしたから、どこかの町から旅人がたった今到着したものとみえる。

私の部屋のすぐ外は受付である。だから、混雑した様子がもろに聞こえてくる。その内、ワイワイ、ガヤガヤした中から、なんと日本語が聞こえてくるではないか。盛んに怒鳴り合ってるところをみると、四、五人はいるらしい。どんな連中だろう？ 眠い目をこすって廊下へ出てみると、ヨーロッパの若い連中に混じって日本の連中が三、四人ばかり、今一生懸命に受付のグラムと交渉中だ。「どうした？」と声をかけると、「あれっ、ここに泊まってるんですか！」と、地獄で仏に会ったような顔付きである。無理もない。握手を交わした彼らの手は、ハッとするくらいに冷たかったのである。

「どこから来たんだい？」

「イランからなんだけどね、国境を越えるのにえらい目に会っちゃって――」

真夜中にここへ着いた連中は、みんなもうクタクタのようである。受付のグラムや、宿のおやじさん達も、部屋の割り振りにうれしい悲鳴のようだ。着いたばかりの日本の連中も、実のところ、こんな真夜中に国境からヘラートの町はずれの宿に引っ張り込まれ「いったいどうなるのか？」と不安だったようだ。そこへ、ひょっこり私が現われたもんだから「やれやれ」とひと息ついたのが本音らしかった。

それにしても、夜ふけにこれだけ何十人もの客を引っ張り込むなんて、ここの宿屋も結構うまい商売をしてるものだ。多分、イランからアフガニスタンへ入る旅行者を国境あたりに待たせたバスに乗せ、そのままヘラートのこの宿屋まで連れて来て泊まらせるのだろう。そして、先を急ぐ客には、翌日カーブルへ出る直行バスの切符を用意するといったあんばいである。

ラクダの隊商を泊めたのが昔のキャラバンサライ(隊商宿)なら、こうしたバス乗り継ぎの旅行者を泊める宿屋は「現代のキャラバンサライ」とでも言えるかも知れない。

戦中派の見た中近東

一月一日㈭。早朝、私は思わぬ寒さで目がさめた。眠い目で窓の外を見て驚いた。なんと雪が降ったのだ、このヘラートに!　あちこちの家の屋根がうっすらと白い雪におおわれている。考えてみれば、きょうは新年の第一日である。しかし、なぜか日本にいる時のような感慨は湧かなかった。ただはっきりと感じたのは「俺もいよいよ引き返す時が来たのか」ということだった。アフガニスタン西端の、この乾いたヘラートの町に雪が降り出すようじゃ、この国の旅行シーズンは終わりに違いない。カーブルにも雪はあった。バーミアンでも、ヘラートでも私の後から雪が追っかけてきた。アフガニスタン探検も確かにここらが引き揚げの潮時のようだ。

しかし、私は幸運だったと思う。一番心配していた雪の到来の寸前に、ほとんど目的を達することができた。しかも、きょうはカーブルへ向けてバスに乗る日なのだ。私はヘラートを十分に楽しんだ。何もこの町に思い残すことなく、カーブルへ発つことができる。私の心は、雪の舞う外の光景とは正反対に満ち足りていた。

ところで、昨夜着いた日本人の一行の中に、みんなから「先生」と呼ばれている人物がいた。なるほど、他の連中がみな二十代の若さなのに、彼は年の頃およそ五十歳前後。「先生」と呼ばれている理由もわかるような気がする。土方のおっさんのような格好に、米軍放出のショルダーバック一つという出で立ちなのであった。私が驚いたのは、彼の格好ではない。年令である。今まで「シルクロード・ブーム」にあおられて、結構沢山の

ミナレットホテルの有能なマネージャー、グラム

日本人たちが西アジアの地を訪れた。その中には、もちろん「先生」のような戦中派の年配者もいる。しかし、である。いったい今まで戦中派の年代の日本人が何人、二十代の若い連中がやってるように、トルコからインドまで砂漠を、山を砂埃にまみれてのバス旅行に加わっただろうか。確かに「そんな所は、若い奴しか行けないよ」と言う人もいる。しかし、体力的なことを言うのなら、欧米の中年世代だって結構若者に混じって西アジアを旅している。私はむしろそうした意味で、日本の中年世代がこの地域を若者と同じような交通手段を使って旅することには賛成である。

「先生」は日本の本社からヨーロッパの支店に派遣され、そこでの勤務を終えたあと、「どうせ帰るんなら、ひとつシルクロードでも通って帰ってやれ」という気になったらしい。ところが、この「先生」、英語はまったくもってわからないし、しゃべれない。よくも、このアフガニスタンまで来たものだと思うが、実は途中で昨夜一緒にイランから着いた日本の若い連中と出会い、「ぜひ一緒にインドまで頼んます」と言って、インドまでは彼らにくっ付いて行くことにしたのだという。

「先生」にとって、ヨーロッパからこのヘラートまでの旅は実にえらいものだったらしい。とくに、途中のイランの現状には非常に驚かされたとみえ、イランでの見聞を私に滔々と話して聞かせるのであった。イランは、今とにかくすごいようだ。「日本に追いつけ、追い越せ」を合言葉に、近代化(工業化)なるものが、(石油で稼いだ)金にまかせて超特急で推進されているという。テヘランの交通渋滞などは、もう東京並みだとか。何せ、町中車であふれてるそうだ。トルコからこっち、眠ったような中近東諸国の中で、イランばかりはまるで生活のテンポが違ってるらしい。

「あんなに工業化を急いで、どうなるんですかね」と「先生」は言う。日本の明治維新後百年の結果がどうであったか、イランの連中はそこまで考えたことがあるのか、と。十年か二十年で、日本の過去百年の歩みをすましてしまおうというイランの姿勢に、「先生」は大きな疑問を持ったという。確かに、それは日本自身の抱える一つの大きな問題でもあるのだ。国家が工業化のみを優先して推進した結果、あとに何が残ったか――それは、今の日本を見れば明らかだ。「先生」がイランにおいて日本の現実に目ざめ、将来に大きな不安感を抱いたのは重要なことである。もしも「先生」が海外へ出ることなく、また出てもアジアを見ずに帰国したならば、そういった問題意識を持つことはなかったであろう。そんなイランにうんざりした「先生」も、国境を越えてこのアフガニスタンに入り、実際ホッとしたと語る。ここはイランとは正反対。要するに、まったくもって昔ながらののんびりした所だというのだ。――ひょっとすると、アフガニスタンにはすでに今の日本が失ってしまった「古きよき世界」のようなものがあるのかも知れない。そして、「先生」が感じた安堵感も一種のノスタルジア（郷愁）に近いものだったのだろうか……。

【補注】

パーレビ国王時代のイラン

パーレビ国王はアメリカの支援を受け、石油の利益を元に急速な近代化を押し進めたことで知られる。そして一九七一年には、ペルシア帝国建設二千五百年祝典を大々的に挙行した。その年、車でイランを通過した色川大吉氏は現地で活躍する日本の技術者たちと出会い、次のような印象を記している。

その人びとの口調はおおむね謙虚さに欠け、経済大国日本の誇りをむきだしにしていた。かれらの多くは日本に本拠をもち、テヘランなどにも家を借り、イラン人の十倍近い高給をもらって未来を保障されていた。そして印象的だったのは、その中の一人が私にこういったことである。「イラン人ですか。結局救いようがないなァ」「この国を支配しているのは、国王と一千家族で、後の二千五百万はドンキー(ロバ、愚者)だと、彼ら自身が認めていますよ」。(同氏著『ユーラシア大陸思索行』平凡社、一九七三年)

何と傲慢で、不遜な態度だと思われるかもしれない。しかし、当時、海外へ進出した日本企業社員の中には、このような目で現地を見ていた人が多くいたことも事実である。私がヘラートで出会った「先生」は、国王主導のもと、近代化にまい進するイランを見て、疑問を持ったという。やがて、その近代化が破綻し、七九年にホメイニ師を指導者とするイラン革命が勃発。国王はエジプトに亡命し、イラン・イスラム共和国が成立するのである。

九　最悪のバス旅行——カーブルは遠かった！

クレージーなバス旅行の幕開け

一月一日㈭。きょうのカーブル行きに乗るのは、日本人が私を入れて五人。それに、欧米の若い連中が三人（内一人は女の子）だ。他に、この宿に泊まっていた土地の人間も何人か乗る。その中には、商売でこのあたりに来てたのだろうか、日本製の大きなラジオカセットを抱えたパキスタン人もいる。こちらへ来る時と違って、同国人が他に四人、欧米の連中が三人も同じバスに乗るのは有難かった。せめて、アフガニスタン最後のバス旅行はにぎやかに行きたいものだ。

宿の前にバスが着いた。思った以上に、おんぼろである。果たして、こんな時代物のバスでカーブルまで行けるのだろうか？　私は、正直言って不安になった。おまけに、フロントガラスには何がブチ当たったのか、一面に大きなヒビ割れが走っていて、すごみを増していた。

ともかく、席をとるのが先決問題。モタモタ考えてるヒマはこの際ないのだ。先を争うようにして、人をかき分け、運転席近くにシートを確保する。どう見ても、これだけの人数にバスは小さすぎる。狭っ苦しい所にすし詰めのまま、さあ出発である。やっぱり安いチケットにしたのがまずかったかな？——という思いが脳裏をよぎる。どうにか座るには座ったが、こんな状態のままカーブルまでの何百キロをよたよた走るのかと思うと、ゾッとしてしまう。ひでえ話だ。

バスはそんなことにはお構いなく、ホテルをあとにして町の中心部へ出る。そのまま行くのかと思えば、カンダハル行きの街道上でガタンと止まってしまった。「おや、もう故障かな？」と思っていると、運転席の男が何やらでかい声でわめき出した。すると、他の乗客達がざわめきはじめ、一斉に席を立ち出した。もちろん、我々には運転手の言葉などわからないから、ただオロオロするばかりである。見れば、隣に別のバスが一台止まっていて、他の乗客達は我先にその入口に殺到中ではないか。

「おい。こりゃ、乗り換えじゃねえか！」

誰かがそう怒鳴る。いったい、どうなってるんだ。そんなら、そうと乗る前に言いやがれ！　今度ばかりは、私も「先生」も必死の思いでそのバスに乗り移る。さっきと同様、ここでも早い者勝ちである。遅れはとったものの、我々はそれでもなんとか後ろの方に席をとることに成功した。

「荷物はどうしたんだろう？　ちゃんとやってくれてるんだろうな？」

日本人の一人が、心配そうにバスの屋根を見上げている。上では、さっきのバスの荷物を新しいバスの方へと積み換え中らしい。もちろん、その中には我々日本人グループの各自の大きいリュックも含まれている。みんなは、その大事な荷物がこのドサクサに紛れて盗まれたりはしないかと心配してるようだ。私の方は、今回はショルダーバッグ一つに寝袋一つの身軽な旅である。だから、いつもそれを足の下に置いてるので、何の心配もない。リュックをカーブルのムスタファホテルに預けてきたのがよかった。大きい荷物を持ってたら、どんなに心配なことだろう。中近東では「身軽さ」がすべてに優先するのである。

乗り移ったバスは、前より少しはましなようだが、あいかわらず中は超満員のまま出発である。通路にはビッシリ座れないアフガン人達が立ち並んでいる。私は辛うじて窓際に座ったが、「座った」というだけで、座席自体が小さいため、ほとんど身動きもできない。おまけに、窓からは冷たい隙間風が容赦なく吹き込んでくる。しょうがないので、ブラ下がっているカーテンをその隙間に突っ込み風を防いでみるが、たいして役に立ちそうもない。

バスはエンジンの音も勇ましく走っているが、音の割にはスピードが遅い。多分、時速四十キロ程度ではあるまいか。その証拠に、他の会社のバスがどんどん横を追い越して行く。この調子だと、思ったより時間がかかりそうである。まあいい、とにかくカーブルに向かって走っているのだから。

キャラバンサライの残骸を見ながら

ヘラートの郊外を走りながら、日本の田舎を走ってるような錯覚に捉われたことがある。道のそばに、まるで日本の田舎の田んぼのような耕地がしばらく見えたからである。まさかとは思うが、ひょっとしたら、ここで米を作ってるのだろうか？ 私は思わず日本を想い起こして、なつかしい気持ちになった。あとで調べてみると、確かにヘラート近郊じゃ若干米が作られている。アフガニスタンで米ができると言っても、別に驚くことはない。この国の主要な料理の一つが「パラオ」と称する米を使ったものであることを考えれば、不思議ではない。

時折、かつての隊商宿（キャラバンサライ）が見える。ヘラートからカンダハルへ向かう

城壁の残るキャラバンサライの廃墟

あたりは、二十九日に来た時はとっぷり日も暮れて闇の中を走って来たのだが、こうして、きょう走りながら注意して見ると、今のアジア・ハイウェイに沿って砂利を踏み固めた車のタイヤの跡がずっと続いている。どうやら、ハイウェイができる前まで使用されていた旧道らしい。キャラバンサライの残骸は、その旧道に沿って点々と存在している。初めの内は、別段気にもとめていなかったのだが、その内これらのキャラバンサライが旧道沿いに一定の間隔をおいて設けられていることに気づいた。よくよく注意して見ると、城壁の崩れ具合からみて、それほど古い時代のものではなさそうだ。しかし、通りすがりにながめるどのサライにも、今やまったく人影も馬やラクダの影もない。キャラバンの時代は、すでに去ったのだ。

今では珍しくなったラクダの隊商（キャラバン）

あとで読んだナンシー・ハッチ・デュプリ女史の本によると、これらのキャラバンサライは一八〇〇年代にアミール・アブドゥル・ラーマンが、この地方の交通路の安全を計るため築かせたものだという。アフガニスタンのような砂漠の国にとって、交易活動を行うキャラバンとそのルートの安全は死活問題であった。なぜなら、キャラバンは当時としてはおびただしい交易品をアジアの内陸部へもたらしていたからで、キャラバンが通過する町はそのおかげで繁栄していたと言ってもよい。だから、当時キャラバンが通らなくなることは、町が没落・衰退していくことにつながったのであった。そうした莫大な富を運ぶキャラバン目当ての山賊たちもいた。彼らはルートの途中で、これに襲いかかり、交易品を奪い去った。このため、支配者にとって、何よりも国を繁栄させるためには、キャラバンの安全を保障することが一番であった。堅固な城壁や望楼を備えたキャラバンサライは、何百、何千キロの道を越えて来た旅人やキャラバンに安全な休息所を提供していたのである。

夕方、カンダハルはまだまだ先という所で、例によって「お祈り」のためバスが止まった。アフガン人の客たちがゾロゾロと下の野っ原へ降りて行くと、あとに残った仏教徒（日本人の我々）やキリスト教徒（ヨーロッパ人の連中）達も、つられて外へ出る。残念ながら、お祈りのためではない。小便に立つのである。みんな思い思いの方角に散らばって、小用を足している。もちろん、アフガン人達もこの機会にすますのだが、見ていて面白いことに気づいた。アフガンの連中はどんなに厳《いか》つい男でも、しゃがみこんですますのである。その格好が、何ともほほえましいような感じでおかしくなる。しかも、彼らは例の長ったらしい民族服を着てるから、遠目には何をしてるのかわからない。だだっ広い野原のここかしこに、男達が夕陽を浴びながらポツン、ポツンと思い思いにしゃがんでいる光景はアフガニスタンならではというものか……。

夕日が沈むと、やがて夜の闇の中をバスは走った。そして、昼間とは打って変わった猛烈な寒さが襲ってきた。窓から吹き込む風もいっそう冷たく、夜の間中私を悩ませることになった。昼間の内は、あんなにペチャクチャとやかましいくらいだった客同士の会話も、いつの間にかピタリとやんだ。日本人の連中も、みんな寒さに参ったのか、黙りこくっている。バスの中は、運転席のわずかな灯を除いて、真っ暗。時折すれ違うトラックのライトが、ほんの一瞬車内を照らし出す。カーテンの間から空を見上げれば、今夜も心憎いくらいに美しく冴え渡った星空が頭上に展開している。

八時過ぎ、それまで走り通しだったバスが不意にスピードを落とし始めた。どうやら、夕食らしい。黒々として見えるチャイハナから灯がもれている。来る時に入った店とは、また違うようだ。ゾロゾロあとについて降りると、店の中は奥の方まで客が入っていて、にぎやかなことこの上ない。床の上には、そこかしこにアフガン人達が車座になって食事中である。私は壁際にあいたスペースを見つけ、すばやく割り込んだ。アフガンでは、万事において身軽さ、素早さが要求されるが、こういう所へ入って食う時も同じである。「先生」たちは？——と見れば、奥の方にオロオロ立って、まだ座る所を探している。

座って間もなく、ここのバッチャーの少年が私の前にドサッとナーン（パン）の切ったのを一枚投げ込んで行く。下にはじゅうたんが敷いてあるが、土足のまま上がり込んでる所である。その上へパンをじかに投げて行くのだから、お世辞にも上品などとは言えない。

しかし、今店の中は大忙し。バッチャーの少年たちも、うす汚い外国人たちに、いちいち特別サービスなぞしてくれるわけもない。彼らは裸足のまま、料理の盆やナーンを持って車座になった客の間を駆け抜けているのである。トルコからずっと中近東を旅して来た「先生」たちも、床の上に座らせられたのにはビックリしている。やはりこれがアフガンの旅だ。こういうドライブ・インのチャイハナでは、客は特にあれこれと注文に頭を悩ます必要はない。みんな定食だからである。しかし、パンは取り上げて食べる前に、パタパタと手で軽く叩いてみた方がいい。バッチャーが床の上に置いて行くせいもあるが、もともとアフガニスタンのパンは焼き上がった段階で、もう砂が結構付いてるからである。だから、叩いてから食べる方が、少しは「気休め」になる。それにしても、ここの混雑ぶりはどうだ。床の上は、あぐらをかいて座った客たちでギッシリ満員だ。あるバッチャーなどは、私が今まさに食べている料理の上を真黒な裸足のまま、ひょいとまたいで行く。いやはや、これはひどいものだ。

凍えそうな夜

再び、バスは夜の闇の中を東へ向けて走り出した。客のほとんどは、眠りについてしまった。しかし、この寒気ではとても寝つけそうにない。砂漠は夜と昼の寒暖の差が激しいと聞いていたが、これほどとは思わなかった。何枚も重ね着してきたのだが、とてもこれじゃかなわない。もとより、こんなボロバスに暖房が効いてるわけでもない。ひでえバスに乗っちまったなあと、今頃になって後悔する。狭い座席の上で、色々姿勢を工夫してみたが、この寒気だけは防げない。足がガタガタ、歯の根もガチガチと震えてきて止まらない。

「一服、試してみませんか?」

そう言って、隣の「先生」がプーンと香りのきついタバコのようなものを差し出した。だけど、タバコにしちゃ、香りがまるっきり強いし、だいいち香ばしい。私がちょっとためらってると、「ハッシシですよ」と教えてくれた。一服吸えば、結構いい気分になって、この寒さでも寝つけるだろうと「先生」は言う。「先生」の話では、こいつは良質のハッシシで、値段も高かったそうだ。一本のハッシシが前の席にいる日本人達へ、そのあとヨーロッパ人の三人組の方へ、手から手へ、口から口へと移って行った。これだけの人間が一服ずつやっても、もともと香りがきついだけに、たちまち車内にはハッシシの匂いが充満した。日本では、麻薬として厳禁されているハッシシの本場が、ここ中近東なのである。中近東からヨーロッパあたりへ運ばれたハッシシは、末端まで行くと実に高価な貴重品と化すという。だから今でもシルクロードを旅する若者の中に、国境の税関でハッシシを運んでいるのを発見され、逮捕される者があとを絶たない。ヨーロッパへ持ち込めば、高く売れるという誘惑のせいである。しかし、中近東の国でも麻薬の所持にはうるさい。トルコあたりじゃ重罪の部類なのである。

ところが、ハッシシの酔いも束の間、再び襲いかかる寒気にとうとうたまらず寝袋を引っ張り出して足に巻いてみた。すると、どうだろう。今までの体の震えはいっぺんに止まり、失われた下半身の感覚も回復し始めたような気分である。やれやれ、これでやっと眠りにつける。そう思ってまぶたを閉じかけた時、急にパッとまばゆい灯に目を奪われた。驚いて外を見れば、バスはのろのろと両側に灯のともった並木の間を進んでいる。時計の針は午前一時過ぎ。——どうやら、今頃になってカンダハルに着いたものらしい。ミナレットホテルのグラムの奴、「二日の朝八時にはカーブルだ」と言ってたくせに、このおんぼろバスじゃ、午後がいいとこだ。畜生、これでまた予定が遅れちまう。

着いた所は……

バスは懐かしいバーバワリホテルや痛い目に会った国立銀行の前を過ぎた。そして、いよいよ目ざすカーブルへの道をまっしぐら——と思いきや、町の東のはずれに近いカイバーホテルの前でエンジンが止まってしまった。

「なんだ、なんだ。また休憩かい?」

そう言って、みんながザワザワし始めた。もう一時半である。ところが、真夜中だというのに、そのカイバーホテルの前あたりには兵士が何人か立ってウロウロしている。何やらおかしな様子である。バスの前の方では、運転助手の若い男が何か言っているが、英語でしゃべってくれるわけでもなく、こちらにはまったく情報が来ない。

その内、ドアが開いたかと思うと、一斉に乗客たちがゾロゾロ席を立って降り出した。そして、どこからともなく「今夜はここで泊まるらしい」という話が伝わって来た。あわてたのは私だけではない。他の日本人やヨーロッパ人の連中も、わけがわからず不安な顔で突っ立ったままである。冗談じゃない！　こんな所で泊まるなんてことは聞いてないぞ。いったい、どうしたというのだ。

事態は、我々外国人の困惑とは無関係に進行していった。気がついて見ると、車内には我々しかいない。アフガン人の乗客たちは、荷物を持って出てしまったあとである。

「どうかバスから降りてください。今夜は、ここで泊まります」

そう言いながらやって来たのは、さっきの運転助手である。

「バカヤロー。誰がカンダハルなんかで泊まるもんか。俺達は切符を買う時に、カーブルまでノンストップで走るというから買ったんだ。冗談もいい加減にしろ！」

我々は約束を破った、この碌でもないバスの助手に食ってかかった。あんまりではないか。我々は、そろいもそろってミナレットホテルのグラムにだまされたのだ。しかし、所詮少数の外国人が騒いでみたところで、抗議は空しかった。結局、我々はこのカンダハルで一夜を明かし、明日の早朝七時に出発するという助手の言葉をのむより他はなかった。

助手は、次にこう言った。

「今夜は、皆さんをホテルまで御案内します」

有難い。宿を提供してくれるってのか。それなら話は別だ。早速、我々は荷物をまとめて外へ出た。助手は我々を目の前のホテルへ案内した。なかなか立派な造りだが、それもそのはずで、カイバーホテルと言って、ここカンダハルでも中流の部類なのである。

宿のおやじは、突然のお客様の御入来とあって、寝巻姿のまま愛想をつくって我々を迎えに出て来た。ところが、おやじの奴、我々にあちこちの部屋を見せながら「泊まり代として二十アフガニ頂戴いたしますので、ハイ」とうそぶいたではないか。

「なんだって。金を払うのかい。そんなら、やーめた！」

またしても頭にきた我々は、さっさとホテルを出て、前に止まってるバスに戻った。何もかも人をバカにしてる。「とんでもないバスだ。こいつは、まったくクレージーだよ！」と、ヨーロッパの連中も叫ぶ。二十アフ払って一泊するなら、誰もわざわざこんなにのろまのおんぼろバスには乗ったりしない。これでは、まったくのインチキ、ペテン、サギである。それなら、バスの中で寝た方がましである。とにかく、これ以上金を払う気はさらさらなかった。もう午前二時頃のはずである。放っといたって、あと五時間もすれば出発だ。たかだか五時間か四時間寝るために、二十アフも払ってホテルのベッドで寝る気にはなれなかった。

今度は、例の運転助手の方があわてる番だった。我々がゾロゾロとバスの中へ逆戻りし

カイバーホテル付近

たのを見て、すっ飛んで来た。

「困りますよ、皆さん。外に出てもらわないとダメなんですよ！　そうしないと、外にいる警官がうるさいですから――」

助手は、通りにうろうろしている二、三人の人影を指さしながら言う。

「冗談言っちゃ、困る。夜通し走ると言ってたくせに、誰がこんな高いホテルに泊まれるか！」

「わかりました。それなら、この先に安いチャイハナがありますから、そっちへ案内しましょう」

それじゃあ――というわけで、我々は再び彼のあとにくっ付いて外へ出た。カーブルへの街道の大通りに面したこのあたりは、真夜中とあって、どこもひっそりとした暗闇の中である。

チャイハナは、カイバーホテルの二、三軒隣にあった。中はうす暗いローソクの灯が二、三本ゆらめいてるだけで、何やらうす気味悪そうなガランとした所である。すでにアフガン人の乗客達の大半はここへ入っていて、入口近くの土間の床の上で寝仕度の最中である。男達はいつものくせで、ベッ、ベッと唾をそこいら中の床に吐きかけながらベチャクチャとうるさい。女もいるようで、カゼでもひいてるのか、ひどい咳をしている。子どもは子どもで、母親の乳でも求めているのか、ギャーギャーギャーと泣きわめき、まるでこのうす暗いローソクのゆらめく中で、何とも形容し難いみじめな光景を見せていた。これじゃ、まるで江戸時代の木賃宿だ。

私はしかし、所嫌わず唾を吐き散らすアフガン人のそばで寝る気にはなれなかった。手探りで奥の方へ行くと、木の机や椅子が寄せてあった。こうなったら、早いとこ、いい場所を取ってしまわねばならない。こういう場合も、すべて身軽さが要求される。私は椅子をいくつか手早く並べると、持参の寝袋をその上に広げた。貴重品は寝袋の中に放り込む。ショルダーバッグは椅子にしばりつけた。灯の届かない暗がりの中で、すべて手探りでこれだけの仕度をする。ズボンや上着は、夜中に何かあった場合に備えて着込んだまま靴だけを脱いで寝袋にもぐり込む。

ヨーロッパの連中も、私のそばで寝袋を広げ出した。女の子も一人いるから、男の連中も大変だ。こういう所で寝る時は、二人で彼女を守るようにして寝るのかな……。

その内、ローソクの灯も消え、チャイハナの木賃宿の中も一面の闇となった。——いったい全体、きょうはなんて日だったのだろう。一九七六年が明けたという、その一月一日がこんな風にして過ぎていった。明日は果たして、無事にカーブルまで帰れるのだろうか。あの懐かしいムスタファホテルへ——？

ついにパンクのため立往生

一月二日㈮。アフガン人の連中は実に早起きである。五時過ぎから目をさまして何やらボソボソとしゃべり合い、六時頃にはぼつぼつ起き出す者がいる。それにしても、これはまた、ひでえ所に寝かされたものである。次第に夜が明けて、中がうす明るくなると、初めてそれがわかった。見回すと、椅子の上で寝ているのは私だけで、他の日本人やヨーロッパの連中は下の土間やうす汚い敷物の上に寝転がっている。

外はまだ暗いが、万が一、バスに乗り遅れても困るので、手早く起きて寝袋をたたみ込んだ。こんなチャイハナのことだから、顔を洗うような場所などはない。寝不足気味のさえない顔で外へ出てみる。早朝の市内は、すごく寒い。出発は七時ということだったが、果たして本当に出るのかどうか疑問である。それでも、チャイハナのバッチャーが早起きして沸かしてくれた熱いチャイ（二アフガニ）をすすり、焼き立てのナーン（二アフガニ）を食べて簡単な朝食をすませた。

こうして、七時近くにバスに乗る。昨夜の乗客たちが、ホテルやチャイハナからあわてて出て来る。我々日本人グループの中では、「先生」を含めて二、三人がホテルで寝たようだ。みんな寝不足のひどい面である。聞いてみると「バスが出るぞ！」というので、たった今叩き起こされたばかりとのこと。かわいそうに、ホテルで寝た連中は宿からすっ飛んで来るのが精一杯で、何も食うことはできなかったそうだ。

朝日がバスの止まっている町はずれの大通りに差しはじめた。七時十分、このバスにしては珍しくほぼ予定通りにエンジンが始動し、やがて車体がゆっくりと動き出した。またまた、きょうもテリブル（恐ろしい）なバス旅行が幕を開ける。

カンダハルから北へ出ると、あたりはやがて一面の雪で、野にも山にも白いものが被さっている。どうやら、私がヘラートにいた頃、南のカンダハルを除くアフガニスタン一帯に雪が降ったらしい。しかし、ハイウェイの方にはまったく積雪もなく、通行には何らの支障もない。ただ一つ、バス自体の速度がのろいことを除けば――。きょうも我がおんぼろバスは、満員の乗客を乗せてよたよたと一路北へ走るのであった。カデリや他の会社の新型バスが、後ろからクラクションを鳴らしてどんどん追い抜いて行く。くやしいが、今さら焦ってみてもはじまらない。このおいぼれバスに身を任せるだけである。

このカンダハル～カーブル間にも、崩れたキャラバンサライの跡を何ヵ所か見かけた。こちらもまったく使われている形跡はない。すでに過去の時代の「遺物」である。

腹が立つのは、もともとのろいこのバスが、バス停や検問所でもない所で頻繁に止まることである。このだだっ広い荒野の中を走るハイウェイも、時折小さな村落のそばを通るのだが、そんな時たいていい村のはずれに何人かの男がズダ袋みたいなものをさげて突っ立っている。我々の車内に空席などあるはずもないのだが、どうしたことか、バスは立っている男たちの前で停車し、助手が後ろのドアを開けてやるのである。見ていると、乗り込んだ男たちは別に金を払う風でもなく、たいていは二つか三つ先の村あたりで、ぽんと降りて行ってしまう。言わば「ヒッチハイク」のようなものだ。バスは、そんな男たちを拾っては降ろし、拾っては降ろしして、「ただ乗り客」へのサービスを続けて行く。何のことはない。ヘラート発カーブル行きの長距離直行バスが、各村停車のローカルバスに早変わりというわけだ。これじゃ、いったいいつになったら、カーブルに着くことやら――。

カンダハル～カーブル間にガズニという大きな町がある。我々のバスは、そのガズニの手前で突然パンクを起こして停車してしまった。こうなったら、ヨーロッパの連中も我々も、さすがにあきらめの境地である。ここはアフガニスタン。近くに村も町もない荒野のど真ん中である。果たして、パンクを修理できるのかどうか。我々は心配になって、運転手と助手がタイヤに取り組むのをながめた。あとはもう運を天に任せて気長に待つしか手はない。アフガン人の客たちも、我々のあとに続いてゾロゾロ外へ降り出した。まわりは一面雪野原だが、日向ぼっこぐらいはできる。

パンクの方はしかし、思いの外早く直った。運転手と助手のコンビは、実に手際よく十五分ばかりで仕事をすませてしまった。我々はアフガンの人間を見直すべきかも知れない。「中近東の人間は非能率、怠惰だ」とよく一般に言われるが、必ずしもみんながみんなそうではない。特にアフガニスタンあたりじゃ、バスの運転手は優秀な技術者なのである。彼らは、そして非常にタフである。カーブル～カンダハル～ヘラート間のハイウェイを走る長距離バスになると、町を出たら最後、途中の検問所、ガソリンスタンドといった必要最少限の所にしか止まらない。あとは一日三食の食事どきにチャイハナに寄ること、宗教

ガズニの町並み（奥は古城）

上のお祈りのための停車だけである。それ以外は、広大な平原の中をただひたすら地平線目ざして走るだけである。助手や乗客と世間話ひとつするわけじゃなし、カーラジオをやかましくかけて気を紛らすわけでもなく、ただ黙々とアクセルを踏み続け、日の出から深夜に至るまでの時間を走り続けるのである。途中、今回のような事故が発生しても、手際よく処理する術《すべ》を彼らは心得ている。まさに、そうした意味で、彼らは「プロ」である。

昼食は、午後一時過ぎにカーブルの手前約百五十キロのガズニの町である。早朝からの長いバス旅行に、客はみなバテ気味。我々も腹ぺこである。我々のバスは、ハイウェイをはずれて町の方へと道を辿って行った。ガズニはアフガニスタンの古い町の一つである。かつては、十～十二世紀に栄えたガズ

昼食をとったレストランと付近の光景（中央、２階）

ニ王朝の都だった。ヘラートと同様、ここにも丘の上に城砦が築かれている。昼食場所のドライブ・インの前には、もう他のバスが何台も止まっている。昼食はナーン、オムレツ、チャイでしめて二十アフ（百十円）。ここで、やっと朝からの強行軍の疲れをいやす。きのうの晩といい、きょうのパンク騒ぎといい、さんざん我々を悩ませ、時には絶望のどん底へと陥れたオンボロバスではあるが、どうやらあと最終目的地カーブルまで、最後の短い区間を残すのみとなった。

待望のカーブルへ

ガズニには有名なミナレットがある。これは、マスウード三世とバフラーム・シャーによって十二世紀の前半に造られたものである。ハイウェイに戻ったバスが、再び北へ向けて走り出すと、左手の町はずれにその塔を望むことができた。ヘラートの滞在を一日短縮しておれば、このガズニにも一泊ぐらいはできたに違いないが、まあ昼食に立ち寄って、名物のミナレットを遠くから拝めただけでも幸運であったかも知れない。

あとで知ったことだが、この町の郊外にはイタリア調査隊によって発掘中のテペ・サルダル遺跡があったのである。そこではクシャン朝後期の仏教寺院跡が、大ストゥーパ（仏塔）や長さ十七メートルもの巨大な涅槃像と共に発掘されているという。

ガズニを出ると、道は一転して登りになる。途端に、我がおんぼろバスはあえぎながらその坂をよろよろ登り出した。他の車はどんどん追い抜いて行くが、こっちはまるで牛の歩みである。またまた、カーブル到着の遅れを思ってうんざりしてしまう。ガズニから先は、もうまったくの雪景色である。通りすがりの村々は、その雪に埋もれて人影もない。アフガニスタンの村は、家が高い土塀に囲まれている。その高い土塀の中で、いったいどんな生活が営まれているのか、私には想像することもできない。しかし、その静かな佇まいから、村人たちが雪の下でじっと暖かい春を待ってる姿が目に浮かんでくる。

「――あんた、ジャポニ（日本人）かね？」

前の席の男が、ひょいと後ろを振り返って、私に尋ねた。

「ああ、そうだよ」と答えると、何を思ったか、その男は自分の体に掛けていた毛布の端を指さしてみせた。なんと、そこには日本の某会社のネームがあったのである！　驚いたことに、わが日本製毛布はアフガン人たちの日常生活の奥深い部分に浸透していたのだ。ほとんどの日本人は知らないだろうが、遠く中近東のアフガニスタンと日本は、こうして密接に結びついているのである。

ところで、アフガンは今さら言うまでもなく多民族国家である。パシュトゥーン、ハザラ、ウズベク、タジク……と、沢山の民族によって構成されていて、話す言葉も習俗もそれぞれまちまちである。

「そんなに色々の民族がいて、本当に国は統一されているのか？」という疑問は、我々日本人にとっては当然のことである。多民族国家としての今のアフガンの姿はしかし、何千年にわたる「文明の十字路」としての地理的位置を思えば、それほど不思議ではない。そしてクーデターが起こる何年か前までのアフガニスタンは、パシュトゥーン人が支配的地位を占めるものであったし、それは今でも変わらないようだ。

しかし、首都のカーブルは別としてカンダハルやヘラートを巡ってみて思ったことだが、

ガズニ付近の立派な屋敷（サライ）。望楼と城壁を備える

町中にアフガニスタンという「自分たちの国」を意識させるようなもの、または「国家」への意識を呼び起こすものは、私が現地の文字を読めぬ外国人だったせいもあるが、余りないようだ。

もともと、これだけ古くから多種多様な民族が入り混じっている所では、「アフガニスタン」という漠然とした国家に対する忠誠や帰属意識を持たせることは困難に違いない。しかも、アフガンの一つの象徴的存在である遊牧民（クチ）たちにとって、人為的に引かれた国境線は何の意味も持たないはずである。

そのアフガニスタンが、過去何百年にわたって独立国の地位を存続し得たことは、私にとって一つの大きな驚きである。自由気ままなクチたちにとって、「アフガニスタン」という国はいったい、何を意味しているのだろう？

　そんなことを考えながら、走るバスの中から右手の山々を眺めていた時だった。私はとある斜面にふと何かまわりの山肌とは違ったものを見つけて目を凝らしていた。どうもその部分だけ、他の山肌の色とはコントラストを成して、ひどく目立って見えたからである。近づくにつれ、それがアフガニスタンの国の形を山肌の上にかたどったものだとわかった。それはハイウェイからはよく見渡せる位置にあり、初めて私は、ここでアフガニスタンという一つの「国家」の存在を意識させるものに出くわしたのだった。

　それにしても、山肌の上にでっかく形作られたアフガンの国の形は、まわりに文字が見えるわけでもなく、いったい、何の目的で作られたのか。あるいはこの国に住む各民族に、一つの国家に対する帰属感を植え付けることを意図したものなのだろうか。しかし、広大な大自然を利用したこの企ては、いかにも中近東的、アフガン的というほかはない。

　こうして、我らのおんぼろバスは午後四時半、なつかしいカーブル郊外のコーテ・サンギにたどり着いた。それは、まさに「たどり着いた」という言葉が適当であった。ヘラートからカーブルまで、夜の間も直行で十八時間という触れ込みだったのが、結局、途中で一泊させられたりして、まる一日と三時間ぐらいはかかった勘定である。

カーブルの郊外では、なんと今凧揚げの真っ最中である。正月の凧揚げは、日本でも今では珍しくなってきたが、ここでは昔の日本の正月風景と何ら変わりがない。こんな所へ来て、初めて「正月なんだなあ」という感慨に襲われるから不思議だ。心配していた雪の方は、ここカーブル市内にはほとんどなかった。とにかく、夕方までにカーブルにたどり着けたことがうれしい。何しろ、明朝は空港からインド行きの飛行機に乗らなくてはならない。どうにか、ドタン場でそれに間に合ったようだ。

長旅でよろめく足を引きずり、バスを降りかけると、ワッとばかり外にいたアフガン人たちが我々を取り囲む。歓迎の人波ではない。どうやら、ホテルの客引き連中らしい。よせばいいのに、「先生」たちはその連中と泊まり代の交渉をおっ始めた。そんなことをしてたら、時間が惜しい。いつまでも延々と値段のやりとりをしている日本人グループに背を向けて、私は近くにいたタクシーに一人で乗り込んだ。

やっぱり私には一人旅が性に合う。わずか一日余りではあったが、四人もの日本人達と一緒に旅してみて、正直イヤ気がさしてしまったようだ。どうも日本人は、こんな所へ来ても、いったん何人か集まると、すぐに一種の「団体」を作ってしまうようだ。同じ言葉をしゃべる連中が集まるということは、外国旅行の場合何かと便利で楽しいことも多いが、結局はそのグループの中だけの付き合いになってしまう。日本人が四人も五人もいれば、ほとんど他のアフガン人と接触する機会はなくなり、話題も自然に限られてしまう。こうなると、個人個人の自由はいつとはなく制約を受け、しまいにイヤ気がさすのである。私は一日余りも連中と付き合い、そのことをいやというほど痛感していた。多少寂しくても、やはり一人旅には一人旅のよさがある。「先生」たちが、無事このあとインドへ入れることを祈りながら、私は懐かしい根拠地ムスタファホテルへとタクシーを飛ばしていた。

ミスター・アリフ、故郷《くに》に帰る

まったく見ず知らずの外国にいても、自分が一度でも見知った場所というものは、旅人に不思議な懐かしさを覚えさせずにはおかない。カーブルのムスタファホテルは、私の短いアフガニスタン探検の始めから終わりまで、その根拠地の役を担ってくれた。そして、今やムスタファホテルで迎える夜も、これがついに最後になる。

かれこれ約一週間ぶりの帰還である。マネージャーのアリフをはじめ、「元気で行ってこいよ」と言ってくれたバッチャー連中の顔が早く見たい。一週間ぶりで帰る古巣は、本当に懐かしいものである。

ドアを勢いよく開けて中に入ると、例によってバッチャーたちがヒマそうに薪ストーブを囲んでいる。いつもの光景である。しかし、どうしたことか、私の見知ったバッチャーの何人かの姿がない。それにもまして、久しぶりで再会したアリフの格好が私を驚かせた。いつもジーパンをはいて、欧米の若者のように颯爽としていた男が、どうしたわけか、きょうは民族服に背広の上着を着込んでいる。まるで前とは別人のようである。大きなカバンを二つばかり提げているので、聞けば、これからあのバーミアンに近い村に休暇をとって帰るところだという。そして、彼は一週間前に私が預けて行ったリュックを奥の部屋から引っ張り出してくれた。

「じゃ、元気でな」

そう言って、私達は固い握手を交わした。アリフは故郷の村に帰るし、私も明朝アフガニスタンを発つ。お互い、これが西と東の別れである。

それにしても、民族服姿のアリフは心なしか、私の前では照れ臭そうであった。もともと、アリフはここシャリナウの場所のいいホテルのマネージャーだけあって、欧米の若い旅行者たちと常に接触する機会に恵まれており、カーブルでの日常生活は欧米流で過ごしている。その彼が「くに」(故郷)へ帰るのに、わざわざ民族服に着替えて行くのはどういうわけなのか？　これは面白い現象である。

そういえば、こんなことがあったっけ。ある時、アリフがバザールで仕入れたと言って、原色のぱっと明るいジャンパーを得意そうに着ていたことがあった。ジーパンにそのジャンパーはなかなかカッコよかった。

「なかなか似合うよ」と言ってやると、「えっ、本当かい」と言って喜んだ。アリフはもともとアフガン人だが、そんな欧米風の格好をするのが好きなのだ。そんな彼でも「こんな格好は故郷の村へ帰ったら、してられない」と言った。

「村でこんな格好してたら、村の人たちから変な目で見られる」というのだ。つまり、アリフにとって欧米風の格好ができるのは、カーブルの町に住んでいる間だけに限られており、故郷の村に帰ったら、昔ながらの民族服姿で過ごしているというわけだ。してみると、ハザラ族の間の慣習は未だに都会帰りの若者を規制できるくらいに根強いのだろうか。

ともあれ、アリフは故郷の村へ去った。そして他の顔見知りのバッチャーたちも……。

いよいよ、私もこのカーブルに、いやアフガニスタンに別れを告げる時が来たようだ。

さらばアフガニスタン、最後の難関

一月三日㈯。六時半に起床。かなりよく寝たが、どうしたことか昨夜は珍しく日本の夢を見てしまった。日本の夢など、羽田を発って以来、初めてのことである。考えてみると、これまでの一人旅の冒険行はずっと毎日が緊張の連続でもあり、夢を見る余裕すらなかったものだが、いよいよこれで帰国の途に就けるとあって、急に緊張も解け、眠りの中でいつしか日本のことを想い出したのに違いない。

念入りにリュックの中などを整理し、軽い朝食のあと、ホテルを出たのは八時である。このムスタファホテルに別れを告げるのは実は三度目のことだが、今回が本当に最後となる。タクシーを拾って八時半に空港へ着いた。デリー行きの飛行機は十時に離陸の予定であり、チェックインは八時半からのはずであった。ところが、どうしたわけか、アリアナ航空のカウンターには受付の係員は一人もいない。まさか私が時間を間違えたわけでは？と不安になって事務室へ行って尋ねてみた。

すると、背の高い美人の職員があっさりと言ってのけたものである。「デリー行きの出発は遅れてますから——」と。あんまりあっさりと答えられて、私はただ唖然とするだけである。

どうしたものかと、カウンターの前で突っ立っていると、ヨーロッパ人がそこへトランクを提げてやって来た。どうやら、彼も私と同じ便のようだ。そこで今聞いた情報を教えてやると、あわてて事務室の方へ行き確認を取っている。戻ってきた彼の話によると、西ドイツのフランクフルトあたりで何かの事故があり、こちらへ来る飛行機が遅れているとのこと。そのため、我々のデリー行きは午後一時の出発に延期になったとのことである。それだけ言うと、彼はさっさと荷物を持ってまた町へ引き返して行った。それまでこんな所にいたってしょうがないという風である。

この思わぬ遅延は、しかし私にとって幸運であった。何せ、ヘラートからの帰りが例のテリブルなバスの便であったため、本来昨日の早朝にはカーブルに帰り着いていなければならなかったのに、夕方ようやくたどり着く羽目になり、予定していた土産物買いもする時間がなかったからである。今からもう一度町へ戻れば、買い物をしてくる時間ぐらいはある。

「ちょっと町へ行って来たいから、荷物を預かってくれないか?」アリアナの事務室へ行って頼んでみたが、それは断られた。仕方がないから、受付のカウンターの前に置いて

毛皮や骨董などを扱う店が並ぶ「シャリナウ」の通り

いくことにした。それというのも、私のリュックは日の丸やヨーロッパ諸国のワッペンがベタベタ縫い付けてある派手な代物で、とても他人が持ち出せるようにはなっていない。「まずはよかろう」と思ったのだ。

タクシーを再び飛ばして、シャリナウに戻り、いろんな土産を手早く買い集めた。念願のアフガン民族音楽のカセットテープも何本か手に入れることができた。驚いたことにテープは「ソニー」の製品である。店の親父に聞くと、「アメリカ製の安いのもあるが、音の良さではソニーにかなわない」とのこと。何のことはない。日本人がアフガニスタンくんだりまで来て、ソニーのテープを買って帰る。おかしな話だが、それだけ日本製品の良さを認められたとあれば、やはりうれしいことである。

再び空港へ戻り、チェックインをすませたが、またまた待たされる。あとはいよいよ最大の難関とも言うべきカスタムチェック（税関の検査）である。問題は、私があのカンダハルで両替のピンチに陥った、所持金申告証明書の件である。私はその書類をもらいもせず、また記入もせずにこの空港から入国してしまったのである。

銀行側は本来、入国時に税関が認めたその証明書を見ない限り、外国の金を現地のアフガニに両替してはならないのである。それを持たないまま、私が十日余りも滞在、旅行していたことは、税関側にしてみれば不法にヤミ両替を繰り返しながら旅していたとみなしても不思議にはならない。中近東の官憲には信用できない、いい加減なところもあるが、逆に一度機嫌を損ねようものなら、その怖さは想像を絶することがある。

いったい、税関検査の時、係官はこの件についてどのような尋問を行い、どんな処置あるいは処罰を下すことになるのか。不安は広がる一方で、次第に私を暗い気分にさせていった。へたをすれば、これは大変な事件になるやも知れぬ。その時はカーブルにある日本大使館に泣きつくより手はないのだろうか？　相談相手もいない中、一人でつい悪い結末を考え、悩んだ。果たして、運命やいかに？

そんなことを心配しながらウロウロしていると、ずっと前からその問題の税関検査室の入口に控えていた男が、何を思ったのか、私の方に近づいてきた。何やら「ドキッ」とする一瞬であった。背広にネクタイ姿の目つきの鋭いその男は、チェックインを済ませた時から、こちらも注意していた人物である。態度といい、物腰といい、アフガニスタンの官吏であることは一見して明らかであり、時々税関検査室の前に立っている警官とひと言、ふた言、言葉を交わし、こともあろうにそのドアの前に座っているからには、私がまさにこれから対面することになる税関の係官と見て取れた。その係官が何を思ったか、椅子を立ち、私の方へとやって来たのである。

「失礼ですが――」そう言って話しかけられ、思わず私は身を硬くした。きっと不安げな顔でキョロキョロしていたせいで、向こうが不審に思ったに違いない。どんな尋問が始まるかと思いきや、「あなたは日本の方のようですが？」ときた。「そうです」と答えると、男は「ああやっぱり」という具合に、急に打ち解けた表情になって、いろんなことを話し出した。

それによると、彼は税関の係官などではなく、外務省の役人で、これからデリーを経由してフィリピンのマニラへ向かうのだという。やれやれ、というところである。私も随分と思い違いをしていたものだ。税関のドアが開くまで、彼も退屈で、世間話でもしようと思ったようだ。そこで私もこの国の旅行の話をやりながら、彼と税関の開くのを待つことにした。こうなったら、この外務省の人物のすぐあとにくっ付いて入るのが得策というものである。

やがてドアが開き、検査が始まった。すると、最初の所持品検査の方は何ら問題なくスムーズに通過できた。最後が例の所持金申告の係であった。係官は私のパスポートをパラパラとめくって言った。

「君は入国の際、この書類をもらわなかったのだな?」

「……はい、そうです」

いよいよ、きたるべきものがきた。係官はアフガンのビザの欄を見ている。

「ええと、……ここにバーミアンで九十ドルをチェンジしたと書かれているな。よろしい。……ところで、今の所持金はいくらかね?」

「はあ。チェックが九十ドルに、キャッシュが二百ドルぐらいです」

「わかった。行ってよろしい!」

幸運であった。私は知らなかったが、あの吹雪の最中出かけて両替したバーミアンの銀行で、係の男がその事実をパスポートの中に記入しておいてくれたのである。税関側は

「九十ドルを銀行で正式にチェンジしている」という事実を知って、問題はないと認めたに違いない。

現地語の読めぬ私のことである。まさか自分のパスポートにそんなことが書き添えてあったとは！　しかし、ともかくそのおかげで私は出国の際の最大の難関を無事突破できたのだ。これもアッラーのおかげであろうか。

飛行機が空港を離陸したのは、午後二時頃である。機内でランチが出た。これが最後のアフガン料理。うまかった。窓からは遥か彼方まで続く雪の連山が横たわって見える。ところで、私の隣に本来あるべき窓際の席はなぜか外され、代わりに大きなトランクが二つばかり置かれてあった。何やらおかしい。こんなことは初めてである。どうも私の後ろの席の客の荷物のようだが、もともと座席の少ないこの飛行機にこんなことは珍しい。

疑問はデリーに着いてから解けた。後席の人物もやはり外交官で、これから何と東京まで行くところだと話してくれた。すると隣に置かれていたのは、外交上の重要文書の入ったトランクだったのか。その外交官も実に好感の持てる人物であり、デリー到着後、空港の中で話しかけてきたのであった。

思わぬ所で二人もアフガン外務省の役人と知り合ったわけだが、彼らがそれぞれ日本人に好感を抱いていることを知って、私はうれしく思った。おそらく日本の外交政策においてアフガニスタンの占める位置は、ほとんど重要性を持つことはないかも知れない。しかし、商品ばかりがどんどん流れ込んで行っている現状をいつまでも放置しておくべきではない。文化その他の面での交流をどしどし進めて、一層の友好交流を深めて行くべきではないだろうか。

【補注】

一九三〇年代のカーブル～カンダハル道路事情

戦前の三〇年代に農商務省の技師としてアフガニスタンに農業技術指導に赴いた尾崎三雄氏によると、カーブル～カンダハル間の道路状態は悪かったようであり、積雪時のせいもあるが、往路に三日、復路に七日を要したとある。しかも往路で二回も車が転覆している（尾崎三雄『日本人が見た'30年代のアフガン』石風社、二〇〇三年）。

十　シルクロード流れ者たちの宿

「コラコ夫人」の宿

デリーへ到着したのは、まだ明るい頃であったが、飛行機の中に積んだ客のトランクや大きい荷物が運ばれて来るまでには、例によって随分待たされた。いったい、どんな作業をしていることやらと、その非能率ぶりには呆れるばかりである。それに、ここの係官もひどい。パスポートのチェックをする係官なのに、いつも前に立った乗客ごとに「ギブミーペン」と言ってはペンを借り、それで仕事をやっている。そうやってペンをせしめるのが彼の常套手段らしく、これまた呆れてしまう。

リュックが手に入り、空港ビルの外へ出ると、そろそろ日も傾きかけている。思わぬ時間を食ってしまった。税関を出た所で、市内行きのおんぼろ小型バスに乗り込む。六ルピーである。ドイツ人の家族連れやイギリスの若者が乗っている。私の方はアフガンへ行く前に泊まった、フマユーン廟に近いカンザスホテルに行きたかった（というより他の宿を知らないのだから）が、あいにく方向違いで「行けぬ」という。仕方なく、ニューデリーの中心部、コンノート広場近くで他の客と一緒に降りることにした。といって、何の当てもない。降りた客たちは、それぞれ思い思いの方向へと、人混みの中へ散って行く。「タクシーでも探してカンザスへ行くか」とは思ったが、困ったものでどこにもタクシーの姿は見当たらない。意を決して私は同じバスから降りたイギリスの若者の後に駆け寄った。あたりはもう薄暗く、デリー特有の夕方の雑踏が彼の姿を呑み込む寸前であった。彼は私のように着古したジーパンに小さなリュックを担ぎ、スタスタと先を急いでいた。

「彼なら安い宿を知ってるはずだ」

私がそう直感したのは、彼の格好のせいである。イギリス青年は中近東旅行に慣れた連中なら誰でもそうであるように、よれよれの汚れた服装にちっぽけなリュック一つという、身軽な出で立ちだったからである。この種の男の行く所なら、安くて、わりと安全な宿屋に違いないのである。

「へーイ！　宿を探してるんだけど、君はどこか安い所を知ってるのか？　よかったら、一緒に連れて行ってくれないか？」

駆け寄って後ろから声をかけると、彼は快く承知してくれた。折から日も暮れ、通りはどこもすごい人混みである。そんな中をスタスタ先を急ぐ彼の後を、はぐれないよう私は必死で追い続けた。大きな通りをいくつか渡ると、彼はとある裏通りへとさしかかった。ざわざわした表通りからは一転して、ひっそりと静かでいい雰囲気の界隈である。

「さあ、着いたよ」と、彼が言ったのは「コラコ夫人」という変な名前の一見ゲストハウス風の建物である。おかしな名前だが、中近東旅行者の間では知られている宿だったらしい。帰国後調べてみると、あるガイドブックにデリーの安宿の一つとして挙げられていた。そこには親切にもこうあった。「有名なので、増長している」(!)——と。

どんな所だろうと心配していた私は、中に入ってみて客の大半が欧米の若い連中であることを知って安心した。何せ、その宿に着くまで恐ろしい人混みの中をくぐり抜けてきただけに、宿の静かな雰囲気は私の緊張感をほぐしてくれるのに十分だった。

入口にいた、がっしりした体格のおやじさんが、我々を中へ案内してくれた。外観に比べ、中はかなり清潔である。あちこちの部屋の前を通ったが、何人かの東南アジア系(あとでインドネシアの連中だと知った)を除いて、みんな欧米の若い連中である。奥にベッドのない部屋が一つあった。フロア(床)で寝る客の専用である。イギリス青年は「俺はここでいい」と言って、そこに荷物を置いた。床の上だから、料金はタダ同然で、他にも何人か先客がいた。まるでヨーロッパの安いユースホステル並だ。

　イギリス青年に礼を言って別れると、私は入口に近い部屋に案内された。中はベッドが四つある。料金は一泊七ルピーというから、二百六十六円である。安いだけあって、その部屋の有様はひどいものである。何やら得体の知れないゴミともガラクタともつかぬものが、あちこちに転がっていたり、積まれてあったりしていた。

　ベッドとなると、これがまたひどかった。「汚い」という感覚を通り越したような布団（それでも一応、布団には違いない）が一枚。表はボロボロのうえ、中から綿がそこいら中に飛び出した代物で、真ん中に誰がやったのか、液体の染み込んだ跡もあり、びしょ濡れときている。空いているベッドがそれだけしかないのだから、文句は言えないが、我ながらひどい安宿に来たものである。

　リュックを下ろし、ベッドの端に腰を下ろす。隣にカナダから来たという若い男が横になっており、反対側の隣にはオランダ人の男が難しい顔をしている。もう一人、奥のベッドにいる男はどうしたことか、私が着いてから真夜中まで、着の身着のままでぶっ倒れて寝込んでいた。あとで聞いたら、オーストラリア人であった。一つの部屋に日本人、オーストラリア人、カナダ人、オランダ人と、これはまったく多彩な構成である。

それにしても、ここの連中の冴えない顔はどうだろう。カナダ人の奴はまだ夜も早いというのに、毛布を引っ被って寝る態勢だし、何やら不健康な表情で青白い。青白いと言えば、オランダ人の方も同様だ。彼は名前をペーターと言った。痩せ型で髪の毛はブロンド、知的な顔立ちはゲルマン系に見えた。試しに「君はドイツ人か?」と尋ねてみると、「いや、オランダ人だ」とはっきりした発音の英語で答えた。

彼は私が部屋に入った時からベッドに腰かけ、頭でも痛むのか、難しい表情をしていた。神経質なタイプかとも思ったが、話してみるとそうではなかった。彼はヨーロッパから中近東を通ってインドのあちこちを回っているうち、猛烈な下痢を起こし、以来、何も体に受け付けなくなっていたのである。しかも路銀はそろそろ心細くなりかけており、オランダの家族に手紙で送金を頼んだが、手続きが面倒なこともあって遅れており、毎日その送金の心配と慢性的な下痢で苦しんでいたのであった。道理で元気のない顔である。金が尽きかけてきたので、最近この安宿に移り、少しでも食い延ばしを図るのだという。

ペーターはしかし、親切なところもあった。色々話しているうちに、私がアフガンから着いたばかりで、夕食をとっていないことを知り、「それじゃ、安くてうまい所を教えよう」と外へ誘ってくれた。表通りの角にある大きなレストランで、そこは値段も安いし、ヨーロッパ風の物も食べられるので、客の中にも欧米の若い連中が何人か来ていた。

ペーターは余りの下痢症状に最近は碌なものを食ってないという。もちろん食欲もなく宿にごろごろしていたわけだが、私と世間話をしているうちに、久しぶりに外へ出てみるかという気になったものらしい。「インドを旅行して下痢を起こさない者はいない」というくらい、インドの旅に下痢は付き物である。ヨーロッパからの長旅の疲れもあって、インドでこれにつかまると、回復はかなり遅くなると覚悟しなければならない。

私はここで初めてインドカレーを注文してみた。何と言ったって、インドはカレーの本場。こいつを試さずには日本へ帰れない。ところが、メニューを見ると、さすが本場のせいか、カレーにもいろんな種類がある。試しにチキンカレーとライスを注文してみる。ところが、こういう物はやはり初めから期待して行くものではなかった。カレーはとてつもなく辛く、米はパサパサのひどい代物。とてもうまいなどとは言えなかった。

宿に帰ると、カナダ人のポールが相変わらず毛布にくるまったまま、冴えない顔で何やらタバコをふかしている。聞けばハッシシだという。道理で目つきがボーッとしている。ペーターは下痢だったが、ポールの方は完全な金欠病らしい。枕元の棚には埃をかぶった、一見がらくたのような、玩具や何やらが転がっており、みんなインドのあちこちを回った時の記念品だという。さすがにこの安宿での生活が長いことを偲ばせていた。

見ていると、ベッドから起きるのはトイレに立つ時ぐらいなもので、他はずっと毛布の中にくるまっており、眠っているのか、起きているのかわからない。ともかくずっと横になりっ放しなのである。聞いてみると、ポールもやはりヨーロッパから中近東経由でここまでやって来たという。ところが、インドをあちこち旅するうち、いろんな事情で金が尽き、今はやはりペーターと同じように故国の両親からの送金を毎日待つ身である。あんまり静かなので、眠っているかと思えば、たまに思い出したようにベッドの下に手を伸ばし、水を詰めたコーラ瓶をちびりちびり飲んでいる。何ともやり切れぬ姿である。どうやら水で空腹を紛らしているようである。

ポールといい、ペーターといい、これではまるで悲惨である。故国の両親が見たら、どんなにか悲しむことだろう。しかし、彼らも中近東の旅を志したからには、これくらいのことは予想もし、覚悟もしたはずである。旅は常に危険と隣り合わせなのだから……。

宿の泊まり代は夕方、若い男が各部屋を巡回して集めて行く。ポールは、かなり前からツケになってるようだ。十時半過ぎ、今度は太っちょの、ここで一番偉いインド婦人が巡回して来る。ここの経営者という感じだ。その彼女が私のベッドを見て、こう言った。

「あら、あんたの布団どうしたの？　これじゃ、あんまりひどいわね。ちょっと待ってなさい。今、替えてあげるわよ」彼女はそう言って、料金徴収係の若い男を呼びつけた。「有難い。これでまともな布団で寝れるのか」と喜んだのも束の間。男が持って来たのは、例によって綿の飛び出たボロ布団。ただ前と違い、水が引っかけられていないだけである。「オー、こりゃどうもすみません。助かりましたよ」がっかりしても、替えてやろうという好意には感謝しなきゃならない。これも仕方がない。

後で聞くと、あの太っちょ婦人は毎晩決まった時間に各部屋を巡回しに来るそうだ。まるで「ゴッドマザー」とでも言おうか。それだけの風格を備えたおかみさんである。

去る者、残る者

一月四日(日)。きょうでインドも最後だ。八時半になっても、隣のペーターやポールは起き出さない。仕方なく一人で身支度を整え、昨夕ペーターの教えてくれたティーハウス（アフガン流で言えば、チャイハナ）に出かける。宿のすぐ近くである。「ティーハウス」と言えば、しゃれているが、中はひどいものである。客と言えば、薄汚れた格好のインド人ばかりで、ただ安くてうまいティーが取り柄である。まさに庶民向けという所だ。

ペーターが推薦しただけあって、ここのティーは実にうまい。ミルクがたっぷり入った熱いティーとパンで朝食をすませる。ティーを飲みながら、足元が何やら騒がしいので、ひょいとテーブルの下を覗くと、紙屑だらけの汚い床の上を今しも鼠が走り回っているところである。そんな具合だから、上流階級の方々は中に入ったためしがない。私が立ち寄った時、立派な身なりの父親とその娘さんが入口に立ったが、中には入らず、入口に立ったままティーを飲んで帰って行った。確かに中にいる連中の顔付きを見れば、入るのも憚られたに違いない。

さて、きょうの予定だが、昨夜から私はタージ・マハルに行くべきか、それとも国立博物館へ行くべきか迷っていた。この内、有名なタージ・マハルのあるアグラは、デリーから幾分離れている。昨夜着いたばかりの私にはあんまり心許ない。結局、素晴らしいコレクションを収めている国立博物館へ行くことにした。大通りをてくてく東へ歩く。途中で男が寄って来て「ドルを替えないか?」と言う。ブラックマーケット(闇両替)である。今さらデリーに長居するわけでもなし、私にブラックマーケットは不要だ。

博物館前に着いたのが九時五十五分。開館は十時、しかも日曜は入館無料ときた。まったくついている。日本を出る前に案内書で読んだとおり、ここには素晴らしいものを収めている。モヘンジョダロやハラッパ遺跡、クシャンやガンダーラ、中央アジアの出土品など、一つ一つを丹念に見て回ったおかげで、何と博物館を出たのが午後四時である。昼食も食わずに六時間も中にいたわけである。

モヘンジョダロやハラッパの出土品は何千年も昔の物だが、実にいきいきとして人間味にあふれている。素晴らしい創造性に満ちている。またクシャンやガンダーラの仏像群は圧巻である。これらの時代の物はシンプルで非常に好感が持てるが、その後のグプタ時代はよいとしても、中世後期からはやたらと装飾がくっ付いて、とても好きにはなれない。我々日本人の淡白な体質とは相反するものである。

ところで、ここにはもう一つ見逃せないコレクションがある。それは現中国タリム盆地のニヤ、カラ・コージョ、ミーラーン、アスタナ、カラ・ホトといった有名な遺跡の出土品である。こうした物はシルクロードにあこがれる者なら、絶対に見逃せない貴重なコレクションと言える。クシャンやガンダーラなどとはまた違って、独特の土俗性のようなものがにじみ出ていて、親しみが持てる。

ホテルへの帰りがけに昨夜のレストランで食事をとる。宿のロビーで日記を付けながら、アフガンで買ったコインを取り出し眺めていると、アメリカの青年が「それはどこの物だい?」と声をかけた。話をしてみると、彼もアフガンを旅している。バスではなく、うまい具合に自動車旅行中のアメリカ人に乗せてもらったのだそうだ。おかげで北部にある仏教遺跡をいくつか見て回れたという。

私が「バルクへ行けなかったのが残念だ。あそこはどうだった?」と尋ねると、「そう、バルクね。あそこは今じゃ、ただ古い城壁が残っているだけだよ。他には何もない所だ」と教えてくれた。古代バクトリア王国の故地バルクへ行けなかったのが心残りだっただけに、彼の話は興味深かった。このアメリカ青年はイラン東部の町で英語を教えていたそうだ。

「ところで、君はきょう随分熱心に仏像を見ていたじゃないか」

「それじゃ、君も博物館へ?」

「そうさ。昼頃行ったら、君を中で見かけたんだよ」笑いながら、彼はそう言った。

「君は仏教に興味があるようだけど、ラホールへは行ったのか?」

ラホールはパキスタン北部の町だが、私はパキスタンは通っていない。彼の話によると、カーブル博物館の仏像もいいが、パキスタンはラホール博物館にもっと色々素晴らしい物を置いているという。

「――行かなかったって？　そりゃあ、惜しいなあ！」と彼は残念がった。確かにラホールはガンダーラ仏教美術の中心地であることに間違いはない。

ロビーにいると、いろんな奴がやって来る。

「コインを集めてるってのは、君かい？」そう言いながらやって来たのは、同室のオーストラリア人である。

「このコイン、よかったら買わないか？」そう言って彼は私に二、三枚のコインを見せた。

「どこの物だい、こりゃ？」

「そいつはオーストラリアのコインだよ」と彼は得意げに言う。

「悪いけど、俺の集めてるのは古いコインの方なんだ」

「そうかな？　これだって悪くはないと思うけどな」

彼はしぶしぶ、そのコインをしまい込んだ。どうやら彼も少々金欠病のようだ。何のことはない。ここは金欠病患者のたまり場みたいなものだ。オーストラリア青年も、昨日着いたばかりだが、よほど辛い長旅をして来たとあって、昨日は夕方からぶっ倒れたまま寝込んでいたっけ。

しかし、中近東で下手な同情は禁物である。金欠病の連中にいちいち同情していては、結局自分もいつかは墓穴を掘ることになりかねない。その時に助けてくれる者がいればまだいいが、もしいなければ、そのままくたばって果てるより他はない。運命は残酷である。

だが、私はカナダ人のポールだけは何とか少し力になってやりたかった。哀れにも水ばかり飲んで横になっていながら、私のために何かと世話を焼いてくれたり、いろんなデリーの情報を親切に教えてくれたからだ。とは言っても、黙って金をやるわけにはいかない。思案したあげく、彼が以前一杯買い込んだというインドの庶民向けの安物煙草「ビディー」を、日本へ帰る時の土産物にするからと言って買い取ることにした。これなら、ポールのプライドを傷つけまい。金を払って買い取ると、珍しくポールは「今から晩飯に行こう」と言い出した。そこでポールにペーター、私の三人が揃って表通りにある「ベジタリアン（菜食主義者専用）レストラン」に出かけることにした。

メニューを見て「インディアンミール（インド料理）」と称する物を注文する。すると、真っ先にどでかいガラスのコップに水が一杯入って出された。カレーライスでもないのに、おかしいなと思っていると、わけはすぐに分かった。出てきた料理の辛いこと、辛いこと。「こりゃ、たまらん！」我々はまたたく内にそのでかいコップを飲み干してしまった。

ところで、インド料理にチャパティは付き物だが、店に入ったポールは傑作だった。まずウェイターを呼びつけ、「お前の店じゃ、どんな風にチャパティを焼くのか？」と聞く。運ばれてきたのを子細にチェックして、「違う。こんなもんじゃない。本物のチャパティという物はだね、焼く時に……」とウェイターを教育し始めた。私もペーターもこれには呆れ果ててしまった。まさか、あの汚いベッドに力なく横たわっていたポールが、こんな所でチャパティの焼き方ひとつに演説を始めようとは思ってもみなかったからである。「おいおい、よせよ。もういいじゃないか」我々がなだめるのも聞かず、今度はツカツカと奥のキッチンまで出かけて行く始末である。

これだけ徹底して食べ物に真剣になる男も珍しい。私もペーターも「参った」という感じである。考えてみるに、ポールがレストランに来たのも実に久しぶりのことであり（それは私に安煙草を売って現金を得たことにもよるが）、それだけ彼にとっては、この夜の食事は貴重なものには違いなかった。ポールのチャパティに対するこだわりは、今の境遇を思えば、無理からぬことであったかも知れない。

ともあれ、我々はそのベジタリアンレストランで別れの会を催したのであった。ペーターは相変わらず腹具合が悪く、半分ぐらい手を付けてやめたが、ポールがその残りを全部平らげてしまった。よほどの空腹だったのだろう。あとはポールにもペーターにも、一日も早く故国からの送金があってほしいものだと思う。そして金が届いたら、すぐに飛行機で帰国し、家で休養を取ることだ。放っておけば、二人とも精神も肉体も蝕まれていくことだろう。インドのような国で金も持たず病気になれば、それこそ絶望的だ。私は彼らがまだ多少なりとも元気な内に、送金が届くことを心から祈った。

眠りにつく前に、私はペーターに自分用に持っていた胃腸薬を残らず与えた。これから帰国する私には、もう必要ない物である。ペーターは喜んで受け取ってくれた。私が彼らにしてやれるのは、そんな程度のことだ。

翌朝、宿のおやじさんが私のベッドを揺すって起こしてくれた。七時半の飛行機のため、五時半には起床しないと間に合わない。眠い目をこすって、大急ぎで支度して外へ出る。入口にタクシーが止まっている。昨日の内におやじさんに手配を頼んでおいたものである。デリーの町中から空港までは、たっぷり三十分はかかる。五時半という時間は、デリーでも真っ暗な時間だ。運ちゃんは毛布を引っ被って寝ていたが、私が来るとガバッと身を起こし、エンジンをかけた。すごい寒さである。こんな暗い内に起こして、タクシーの手配までしてくれたおやじさんには、頭が下がる。別れ際にお礼を言うと、「カムバック　アゲイン！（また来いよ）」と言って、私の手を握った。

タクシーは人も車もいない暗い通りを空港めざして突っ走る。——これで旅が終わったんだ。そんな思いがポツリと胸にこみ上げてきた。ポールから買った安煙草に火を点けながら、私は夢中で過ごしたアフガンやデリーでの日々を想い起こそうとしていた。

エピローグ

この『探検記』をようやく書き上げた今、私の胸に自分の探検が終わったことの実感が湧いている。それは、男が一つの使命を果たしたあとに感じる一種の満足感みたいなものだろうか。

探検は「報告」という一つの行為によって、初めて完結をみる。探検が報告を伴わない限り、それはあくまでも一個人の「体験」の域を脱することはできない。しかし、「報告」はどんな形にせよ、一個人の体験をより多くの人々にも分かち合うことを可能ならしめる、いわば一種の社会的な意味を持っている。私が多忙な日常の合間を縫って、このつたない「報告」＝探検記を書いた理由はそこにある。

石油の採れるいくつかの国を除いて、西アジア諸国（アフガニスタンも含めて）は今でも日本人から「後進国」だとか「発展途上国」などと呼ばれている。

社会が工業化を遂げねば豊かさを得ることはできないと、何年か前までは日本人の誰もがそう考えていた。しかし、それを遂げてしまった我が日本の姿はどうだろう。逆に、あらゆる面で豊かさを失ったのではあるまいか。何よりも、精神的な豊かさを日本人は失った。それはある意味で、アジアの一員でありながら、明治以降ひたすら欧米型社会を志向し続けた日本が、たどり着くべくしてたどり着いた、一つの結末だったのかも知れない。

アジアにはアジア自身の、何千年にもわたって培われた生活の伝統と精神的な豊かさが、今も厳然と存在している。一方、日本が自らを変身させて、すでに一世紀余り。その日本人が、今頃になってようやく失ったものの重大さに気づき、それを取り戻すための努力を始めたのである。アジアを捨てた日本が、これから歩むべき道はただ一つ——それは、アジアに帰ることでしかない。

ここに、注目すべき現象がある。それは、インドからトルコに至るシルクロードに、今リュック一つを背負った欧米や日本（いわゆる「先進国」）の若者たちの姿が充満していることである。彼らは、苛烈なまでに厳しいシルクロードの風塵の中へ、自ら身をさらすためにはるばるやって来たのだ。物質的に満たされた平和な日常を捨てて——。彼らは精神的な渇きをいやすために、ふるさとをあとにして来た。それは、まさにこれからの新しい世界の幕開けともいうべき光景である。私は、アフガニスタンでも、インドのデリーでも、そんな若者たちに出会った。なるほど、シルクロードにラクダのキャラバンの時代は去ってしまったが、今その同じ道を世界中の若者たちが往来する。ある者は西のヨーロッパを目ざし、ある者は東のインドを目ざして。――シルクロードは、今も生きている！　私は、今回のアフガニスタン探検で、はっきりとそう確信したのである。

ともあれ、私にとって一つの「探検」は終わったのである。明日からは、また、アッラーの思し召しのままに、次の計画を練らねばならない。イスラム世界との縁は、ここ当分切れそうにもない私である。

おわりに、今回のアフガニスタン探検に先立ち、いろいろ貴重な情報や助言を与えて下さった服部直人、鎌仲志保子の両氏に心から謝意を表したい。

高岡　徹

一九七七年六月五日

参考文献

①深井聡男『アジアを歩く―遺跡と人間の旅　ガイド』山と渓谷社、一九七四年
②ナンシー・ハッチ・デュプリ『アフガニスタン―歴史と文化の旅』日本アフガニスタン協会訳・発行、一九七四年
③小西正捷編『原色写真文庫　アフガニスタン』講談社、一九六八年
④梅棹忠夫『モゴール族探検記』岩波書店、一九五六年
⑤大野盛雄『アフガニスタンの農村から―比較文化の視点と方法―』岩波書店、一九七一年
⑥佐藤清『アジア ハイウェイ―よみがえるシルクロード―』日本経済新聞社、一九七六年
⑦中村元・笠原一男・金岡秀友監修・編集『アジア仏教史 中国編V シルクロードの宗教―幻の寺院をたずねて―』佼成出版社、一九七五年
⑧玄奘『大唐西域記』水谷真成訳、平凡社、一九七一年
⑨ドーソン『モンゴル帝国史 二』佐口透訳、平凡社、一九六八年
⑩岩村忍『世界の歴史 第一九巻 インドと中近東』河出書房新社、一九六九年
⑪大谷探検隊／長沢和俊編『西域探検紀行全集 第九巻 シルクロード探検』白水社、一九六六年
⑫深田久弥・長沢和俊『シルクロード―過去と現在』白水社、一九六八年
⑬前嶋信次・加藤九祚編『シルクロード事典』芙蓉書房、一九七五年

付　失われた仏教遺跡

—アフガニスタン・バーミアンの大仏破壊をめぐって—

一　アフガニスタン—その現代小史—

アフガニスタンという国は、これまで余り日本には知られていない。日本でたびたび新聞やテレビの報道に登場するようになったのは、ソ連軍の侵攻以来、ここ二十年ぐらいのことにすぎない。アフガニスタン——それは「アフガン族の国」という意味である。「アフガン族」とは、南部から東部にかけて住む、この国の代表的支配民族のパシトゥーン族を指す。このアフガン族の国は、古来、「文明の十字路」として西アジア世界の中で重要な位置を占めてきた。北をソ連（現在はトルクメニスタン、ウズベキスタン、タジキスタン）、西をイラン、南から東をパキスタンに囲まれ、さらに東北端で中国とも国境を接するという地理的環境からも、その重要性は十分うかがえる。

かつてアレキサンダー大王やチンギス・カン、そしてチムールなどの名立たる征服者が軍を進め、玄奘（三蔵法師）もはるばる砂漠や峨々《がが》たる山並みを越えてこの地を訪れた。インドで生まれた仏教も、ガンダーラからこの地を経て中国へ伝わっていったのである。

この国はその地理的重要性ゆえ、十九世紀に入り、イギリスの侵略を二回にわたり受けたが、その都度、誇り高いアフガン民族の抵抗により侵略者は撤退に追い込まれている。そのアフガニスタンが大きな危機を迎えたのは、七九年のソ連軍侵攻と全土の制圧である。これに対し、国内各地でゲリラが蜂起し、ソ連軍と親ソ政府軍への抵抗運動が開始された。こうして十年にわたる血みどろの戦いの末、ついにソ連はこの国の制圧を断念し、八九年に撤退を遂げた。

だが、それは新たな戦いの始まりでもあった。残った親ソ政府軍攻撃の過程で、ゲリラ各派の抗争が広がり、アフガニスタンは内戦の泥沼へと突入し、今も戦いは終結していない。

二　タリバンの登場——大仏の破壊——

こうしたなかで、九六年九月、一つの武装勢力が首都カーブルを制圧した。彼らの名は「タリバン」。敬虔なスンニー派イスラム教徒で、コーラン以外のすべての学問を拒絶する熱狂的なイスラム原理主義者の集団である。ちなみに「タリバン」とは、イスラム神学校学生及び求道者を指すという。この組織はパキスタンにあるアフガン難民のための学校の学生ムラー・ダウドを中心に、伝統的イスラム国家の建設を目的に結成され、九四年から活動を開始した。最高指導者はムハマド・オマル師。同勢力は初め南部の都市カンダハルを占領していたが、やがて北上し、ついに首都の占領を果たした。勢いに乗るタリバンは全土制圧を目指し、残された反対勢力の数少ない拠点の一つであったバーミアン渓谷への進撃を開始した。この頃、私は一つの新聞記事にくぎ付けになった。タリバンの前線司令官がバーミアンまで進軍したら、「同地にある大仏は、偶像崇拝を禁ずるイスラム法に反したものであり、ダイナマイトで爆破する」と公言したことである（九七年四月一八日付「朝日新聞」）。同国中部のバーミアンの大仏は世界的に知られた文化遺産であり、高さ五十五メートルと三十八メートルの二つの大仏のほか、周辺に千近い僧坊跡の石窟が残されている。七世紀には、唐の高僧玄奘がインドへ赴く途上、この地に立ち寄り、光り輝く大仏を見て、記録に残している。

その後、イスラム化の波の中で、当地から仏教は姿を消し、あとにこの大仏を中心とした一大仏教遺跡が残った。しかし、異教徒の残した偶像とはいえ、アフガニスタンの人々は現代に至るまでこの大仏に対し組織的・致命的な破壊を行うことはなかった。それが今回のタリバンの同地制圧により、初めて実行される恐れが生じたのである。

三　バーミアンへの旅立ち

バーミアンはヒンドゥークシュ（「インド人殺し」の意）の山中にある。この地にある大仏は、私にとって大きな意味を持っている。そもそも、私は西アジアの辺境とも言うべきアフガニスタンに対し、大学時代からある種のロマンと憧れを抱いていた。

私をこの国に引き込んだのは、岩波新書の梅棹忠夫著『モゴール族探検記』である。遠く十三世紀の昔、この地に侵攻したチンギス・カンの遠征軍の一部がそのまま土着し、モゴール族という部族になった。その部族が今でもモンゴル系の言語を話しているというのである。まるで夢みたいな話だが、同書は実際にそのモンゴル語の調査・収集のため梅棹氏を含む京大の探検隊が五五年、当時極めて交通不便だったアフガニスタンの奥地に赴いた際の記録である。

私がその本を読みふけっていた頃、偶然写真で見たバーミアンの岩壁にそそり立つ巨大な大仏の姿にも心を打たれた。西アジアの一角に、どうしてこんな大仏が作られたのか。そんな素朴な疑問が、モゴール族の存在と共に私をアフガニスタンへと駆り立てた。こうして七五年の十二月、私は単身そのバーミアン渓谷を目指して旅立った。日本出発は十二月二十一日、帰国は翌年一月六日で、アフガニスタン滞在は十三日間だった。一応の行動計画は立ててあったが、何が起きるかわからない未知の国であり、また現在と違い、旅行情報も極めて乏しい国だったため、同国内での宿や交通機関の予約はできず、出たとこ勝負で臨機応変に乗り切るしかないという旅だった。

四　回想のバーミアン紀行

アフガニスタンは鉄道のない国であり、入国するには陸路または空路によるしかない。私の場合は無論、時間的な制約から、インドのデリーから空路入国する道を選んだ。当時はアリアナ・アフガン航空が二日か三日おきにデリーとアフガニスタンの首都カーブルを結んでいた。うれしかったのは、到着した地上に雪がなかったことで、何とか旅をやれそうだという思いで安心した。何しろ十二月の二十二日である。平均高度が二七〇〇メートルの国でとりあえず平地に雪がなかったのは、有難かった。

空港に着陸する際、ソ連製の軍用ヘリコプターをいくつか見かけた。当時、すでにソ連はアメリカへの対抗上、同国に大規模な軍事援助を行い、多数のアフガン軍将校をソ連国内で教育していた。この頃からアフガン政府軍はソ連製の武器を装備し、北の大国との関係を深めていたのである。

初日はまず市内の安宿に入り、翌日はバーミアン行きの情報を探りがてら、郊外にある国立博物館へ向かった。驚いたのは、入口に銃を担いだ兵士が立っていたことであり、その後も銀行の入口などで警備兵を見かけることがあった。ここの博物館は国内各地の遺跡から発掘された出土品を多数収蔵していることで知られる。正面入口のスルフコタル出土、クシャン朝カニシュカ王の像（ただし下半身のみ）をはじめ、ハッダなど各地の遺跡で出土した仏像も多く展示されている。西アジアの一角で、これほどまでに仏教が栄えていたのかと驚かされた。

ところが、本年（平成十三）五月二十日放送のNHKスペシャル「消えた国宝」によると、内戦中の九三年、ロケット砲が博物館を直撃し、翌年から収蔵品の略奪が始まったという。こうして驚くなかれ、博物館にあった一万点余りの収蔵品が闇に消えたという。しかも、すでにその内の一部が日本国内に流入しているのである。内戦がもたらした結果とはいえ、今となっては違法に海外に流出したことによって、破壊から免れているという皮肉な事態となっている。

十二月二十四日、私はタクシーを雇い、一路バーミアンを目指した。珍しくその運転手が英語を話せたからである。午前八時にホテルを出発し、北へと走る。この幹線道路はヒンドゥークシュ山脈を越え、北のマザーリシャリフを経てソ連へ通じる。ソ連軍進駐時代、大量の輸送物資が連日運ばれた道でもある。

我々のタクシーはヒンドゥークシュの手前で左に折れ、ゴラーバンド川沿いの砂利道に入る。道路沿いにいくつもの村が現われては消えていく。険しい山腹に、まるで積み重なるように高い土壁の家が建っている。モンゴル系のハザラ族の住む地域である。この地域を拠点にしたイスラム統一党ハリリ派はハザーラ族を主体とした組織で、タリバンに敵対していたが、ついに九五年バーミアンを追われた。こうして大仏爆破を公言したタリバンが、バーミアンを制圧したのである。

カーブル出発から六時間後、私はようやくバーミアンにたどり着いた。途中、峠を越え、山塊の谷底を走ると、やがて道は広々とした谷間の中に出た。並木が道の両側に続き、右手の岩山の山腹にポッカリと口を開けた穴がいくつも見えてきた。僧房の跡である。その時、大仏の姿が目に入った。喜ぶ私に、運転手は「ありゃあ、まだ小さい方ですぜ」と教える。すると、これは東の小大仏の方だったのか。村の中に入り、宿を定めてから夕方までの間、大仏を見に行く。表の通りに出ると、トラックが砂埃を巻き上げて行き交う。ここから西に行けば、古都ヘラートに達し、その先はイランだ。

宿の裏手に回ると、大仏のある岩壁は目の前だった。高さ五十五メートルの大仏は黄色い岩壁の中に静かに立ちつくしていた。そこから東の小大仏にかけて、岩壁に開いた無数の黒い穴が見渡せた。これまでの調査によれば、石窟の数は周辺も含め約一〇〇〇近いという。岩壁のあたりは冬でもあり、人影はなかった。私は修理のために組まれた足場の下から、くり抜かれた岩壁の内側に描かれた彩色の壁画を見上げた。大仏の表面にはかつて木杭を打ち、縄をからげて衣文をストゥッコ（漆喰）で表した跡が、小さな穴となって無数に残っていた。顔面は失われているものの、その荘厳な姿に思わず帽子を取り、合掌していた。それだけの感動を与えずにはおかないものがあった。

このあと、岩壁沿いに東の小大仏まで歩く。なぜか息遣いが荒くなるのは、この地の標高（二五〇〇メートル）のせいだと気づく。こちらの大仏の方には流麗な衣文が残されており、顔面はやはり失われているものの、全体的に優美な姿である。足元に立つと、かなたにシャル・イ・ゴルゴラの丘が望まれる。一二二一年、チンギス・カンの侵攻の際に完全に破壊された都城の跡である。

両大仏の作られた年代は東が三〜七世紀、西が少し新しく四〜五世紀とされる。注目されるのは、インドで生まれた仏教がこの地へ来て、初めて大仏を出現させたことである。その後、バーミアンを契機に中央アジアのアズィナ・テペ、中国の敦煌や雲崗、さらには奈良の東大寺へと大仏建立の思想が伝播していくことになる。

夕暮れの中、私はひとまず宿へ帰って眠りについた。明日はじっくり写真を撮ろうと、あれこれ考えながら一夜を過ごした。ところが、翌朝目が覚めると、外は一面真っ白。大変なことになった。雪が降っている。もう大仏も白くなっているではないか。下手をすると、峠が閉鎖されることになる。私はあわてて荷物をまとめ、バーミアン谷を脱出することにした。振り返ると、無情な吹雪は岩壁の輪郭だけをのぞかせていた。

本年（平成十三）三月、タリバンは世界中の非難・抗議にもかかわらず、この大仏を爆破した。その模様は前述のＮＨＫスペシャルの中でも放送された。博物館の収蔵品をはじめ、世界的に貴重な文化遺産が、国を支配する政権によって破壊され、消滅したのである。この歴史的な暴挙が、全世界の文化遺産を愛する人々の脳裏から消え去ることはあるまい。

参考文献

一　アハメド・ラシッド『タリバン』（講談社、二〇〇〇年）。
二　『アジア仏教史 中国編Ｖ シルクロードの宗教』（佼成出版社、一九七五年）ほか。
〔『富山市日本海文化研究所報』第二七号、富山市日本海文化研究所、二〇〇一年〕

■著者略歴

高岡　徹（たかおか・とおる）

1950年　富山県富山市生まれ

1973年　立命館大学産業社会学部卒業

1973年～2011年　富山県庁勤務

主な著書

単著：『遥かなる国境の町―ユーラシア青春放浪記―』（私家版、1973年）、『越中戦国紀行』（北日本新聞社、1988年）、『戦国期越中の攻防―「境目の国」の国人と上杉・織田―』（岩田書院、2016年）

共著：『日本城郭大系』第７巻―新潟・富山・石川―（共著、新人物往来社、1980年）、『富山県史』通史編Ⅱ中世（共著、富山県、1984年）、『富山県中世城館遺跡総合調査報告書』（共著、富山県埋蔵文化財センター、2006年）

アフガニスタン探検記　1975－76

2017年11月１日　第１刷発行

著　者　高 岡　　徹

発行者　岩 根 順 子

発行所　サンライズ出版株式会社

〒522-0004滋賀県彦根市鳥居本町655-1

電話 0749－22－0627　FAX 0749－23－7720

ISBN978-4-88325-626-6　Printed in Japan　定価はカバーに表示しています